Göktürk Tüysüzoğlu

# Türk Dış Politikasında İstikrarın Adresi: Gürcistan

Göktürk Tüysüzoğlu

# Türk Dış Politikasında İstikrarın Adresi: Gürcistan

## Türkiye-Gürcistan İlişkileri Üzerine Bir Değerlendirme

Türkiye Alim Kitapları

**Impressum / Yayınevi adı**
Bibliografische Information der Deutschen Nationalbibliothek: Die Deutsche Nationalbibliothek verzeichnet diese Publikation in der Deutschen Nationalbibliografie; detaillierte bibliografische Daten sind im Internet über http://dnb.d-nb.de abrufbar.


Deutsche Nationalbibliothek tarafından yayınlanan bibliyografik bilgiler: Deutsche Nationalbibliothek, bu yayını Deutsche Nationalbibliografie'de listeler; detaylı bibliyografik bilgi İnternet'te http://dnb.d-nb.de sitesinde mevcuttur.


Coverbild / Kitap kapağı resmi: www.ingimage.com

Verlag / Yayıncı:
Türkiye Alim Kitapları
ist ein Imprint der / yayınevinin bir ticari markasıdır
OmniScriptum GmbH & Co. KG
Heinrich-Böcking-Str. 6-8, 66121 Saarbrücken, Deutschland / Almanya
Email / E-posta: info@turkiye-alim-kitaplary.com

Herstellung: siehe letzte Seite /
Basım yeri: son sayfaya bakın
**ISBN: 978-3-639-67020-2**

# Türk Dış Politikasında İstikrarın Adresi: Gürcistan

## Türkiye-Gürcistan İlişkileri Üzerine Bir Değerlendirme

Yrd. Doç. Dr. Göktürk TÜYSÜZOĞLU,

Giresun Üniversitesi,

İktisadi ve İdari Bilimler Fakültesi

Uluslararası İlişkiler Bölümü

**Önsöz**

Türk Dış Politikası'nın öncelikle üzerinde durduğu en önemli husus komşu ülkelerle ilişkiler olduğuna göre, bu ülkelerin tanıtılması ve Türkiye ile olan ilişkilerinin irdelenmesi çok önemlidir. Bu değerlendirmeyi yaparken, komşu ülkelerin iç sorunlarının ele alınması ve diğer bölge devletleriyle, en önemlisi de bölgesel dengeleri doğrudan/dolaylı olarak etkileyen küresel aktörler ile olan ilişkilerinin altının çizilmesi gerekmektedir. Bu değerlendirmeyi yapmak da öncelikle uluslararası ilişkiler disiplininin görevi olmalıdır.

Bölgesel ve küresel aktörlerin müdahil olmasını gerektiren büyük çaplı toplumsal/siyasal problemler ve iç savaşların yaşanıyor olması, Ortadoğu'yu, Türk Dış Politikası'nın merkezine konumlandırmıştır. Öyle ki, medya organlarında ve akademik yayınlarda da ağırlıkla ele alınan bölge doğal olarak Ortadoğu olmaktadır. Ne var ki, Türkiye'ye komşu olan tek coğrafyanın Ortadoğu olmadığının da farkına varılması gerekmektedir. Nitekim Ortadoğu'daki gelişmeler Türkiye'ye komşu diğer coğrafyalardaki gelişmeleri etkileyebildiği gibi, diğer coğrafyalardaki olumlu ya da olumsuz gelişmelerin de Ortadoğu üzerinde etkisi olabilmektedir. Bu bağlamda; Rusya, Ukrayna, Hazar-Orta Asya, Güney Kafkasya ve Balkanlar'ı da içerisine alan geniş Avrasya anakarasının bir bütün olarak değerlendirilmesi ve Türk Dış Politikası içerisinde "özerk" bir konuma sahip olması gerekmektedir.

Bu çalışmada, Avrasya anakarasının bir alt kümesi olarak değerlendirilmesi gereken Güney Kafkasya'da yer alan Gürcistan'ın Türkiye ile olan ilişkileri değerlendirilmektedir. Gürcistan, Soğuk Savaş sonrası dönemde, Rusya ile ABD'nin liderliğini yaptığı Batı Dünyası arasında Karadeniz Havzası odaklı olarak yaşanan rekabetin yansıdığı en önemli ülkelerden biri olmuştur. Nitekim bu rekabetin de etkisiyle etnik ayrımlara dayalı bir toplumsal çatışmaya eklemlenmiştir ve bu süreç ülkenin fiilen 3 parçaya bölünmesi ile sonuçlanmıştır. Bu bağlamda, Gürcistan, Avrasya'da yaşanan güç mücadelesinin bölge ülkeleri özelindeki olumsuz yansımalarının neye yol açabileceğinin incelenebilmesi açısından simgesel önem taşıyan bir ülkedir.

Çalışma çerçevesinde, Gürcistan'ın Türk Dış Politikası içerisindeki yeri ve önemine dair tespitlerde bulunulmuş ve ikili ilişkiler siyasal, ekonomik ve askeri bağlamda ayrı ayrı değerlendirilmiştir. Bunu yaparken, Gürcistan'ın diğer bölge ülkeleri ve küresel aktörler ile olan ilişkileri de ele alınmış ve bu ilişkilerin Türkiye-Gürcistan İlişkileri'ne olan olumlu/olumsuz etkileri böylece betimlenmeye çalışılmıştır. Türkiye-Gürcistan İlişkileri'nin temel yönelimlerine ve özüne dair başlangıç seviyesinde bir çalışma olması hedeflendiği için çalışmanın kapsamı fazlaca uzun tutulmamıştır.

Bu çalışmanın oluşum sürecinde her daim arkamda duran ve beni destekleyen ailem ile yazım sürecinde yaptığımız tartışmalar ile çalışmaya katkıda bulunan arkadaşlarıma çok teşekkür ediyorum.

Temmuz 2014
GİRESUN

**İçindekiler**

## Giriş

Türkiye, Soğuk Savaş'ın bitmesinin hemen ardından, SSCB'nin dağılmasının yarattığı boşluğu doldurmak ve özellikle Balkanlar, Güney Kafkasya ve genel itibarıyla Karadeniz Havzası'na ilişkin olarak elinde bulundurduğu tarihsel, kültürel, siyasal ve ekonomik avantajları kullanmak üzere harekete geçmiş ve proaktif bir dış politika çizgisinde hareket edeceğine dair sinyaller vermiştir. Avro-Atlantik İttifakı, özellikle de bu ittifakın doğal lideri olan ABD, Soğuk Savaş esnasında Türkiye ile oluşturduğu müttefiklik bağını da kullanarak, büyük bir siyasal boşluk içerisine düşen Balkan ve Güney Kafkas cumhuriyetlerini kendi yanına çekmeye çalışmıştır. Avro-Atlantik Dünyası'nın Avrasya coğrafyasındaki en önemli müttefiki olan Türkiye, Soğuk Savaş sonrası oluşan bölgesel konjonktürde demokrasi, insan haklarına saygı ve serbest pazar ekonomisi gibi değerleri Geniş Karadeniz Havzası'ndaki ülkelere aktaracak temel aktör olarak kullanılmak istenmiştir. Türkiye de, Avro-Atlantik Dünyası'nın bu bakış açısına olumlu yaklaşmıştır. Zira Türkiye, Avrasya'da bölgesel bir güç olduğunu tüm dünyaya ispat edebilmek ve Rusya'ya karşı elini güçlendirebilmek için sağlam bir müttefike ihtiyaç duymuştur. İşte, Avro-Atlantik Dünyası'nın eski Doğu Bloku ülkelerine açılım politikası ile Türkiye'nin bölgesel güç olma iradesi bir araya gelince, genel olarak Avrasya, özel olarak da Geniş Karadeniz Havzası'na ilişkin güçlü bir ittifak ortaya çıkmıştır.

Türkiye'nin 1992 yılında ortaya attığı Karadeniz Ekonomik İşbirliği Teşkilatı fikrinin arkasında da yukarıda açıklamaya çalıştığımız dış politika stratejisinin önemli bir rolü vardır. Hem Türkiye'nin bölgesel liderlik iddiasına destek verecek, hem de geçiş dönemini yaşayan bölge devletlerine Batılı değerleri aşılayacak bir örgüt oluşturabilme düşüncesiyle oluşturulan KEİT, kuruluş aşamasında özellikle ABD'den çok ciddi bir destek görmüştür.

Ne var ki, 1990'lı yılların ikinci yarısından sonra KEİT fikrinin ikinci plana atıldığını ve Türkiye'nin eski Sovyet coğrafyası üzerinde bölgesel bir etki yaratabilme düşüncesinin çok fazla dillendirilmediğini görüyoruz. Bu durumun ortaya çıkmasında, Türkiye'nin iç siyasal yapısında görülen istikrarsızlığın yanı sıra, Rusya'nın sorunlarından sıyrılarak bölgesel rekabete eklemlenmesi ve Avro-Atlantik Dünyası ile Rusya arasında 1990'ların başında kurulan iyi ilişkilerin yeniden rekabetçi bir hale dönüşmüş olması da etkili olmuştur. Rusya'nın uyguladığı "yakın çevre politikası" ile eski Sovyet toprakları üzerinde siyasal, ekonomik ve askeri etkinlik kurmak istemesi, hem Türk Dış Politikası'nı hem de Avro-Atlantik İttifakı'nın Karadeniz çevresine odaklanan politika alternatiflerini olumsuz yönde etkilemiştir.

Balkanlar, Kafkaslar ve Ortadoğu'da etkin bir bölgesel güç olabilmeyi hedefleyen dış politika stratejisinin kısa bir süre içerisinde rafa kaldırılmasının en önemli nedenlerinden biri de, Türk hükümetlerinin 1990'ların ortalarından itibaren yeniden AB üyelik sürecine odaklanması ve çok yönlü dış politika izleyebilme yönündeki istekliliği bir süreliğine terk etmiş olmalarıdır.

Ahmet Davutoğlu'nun *Stratejik Derinlik* adlı eserinde kuramsal boyutunu oluşturduğu yeni Türk Dış Politikası'nın temelini ise, komşularla sorunları en aza indirgemek ve çok boyutlu bir dış politika izleyerek, özellikle tarihsel ve kültürel bağlara sahip olduğumuz Ortadoğu, Güney Kafkasya, Hazar ve Balkanlar gibi coğrafyalarda sadece yönetimlere değil, halklara da hitap edecek bir Türkiye algısı yaratabilmek oluşturmaktadır. Türkiye'nin Güney Kafkasya Bölgesi'ne ve bu bölgede yer alan Gürcistan'a yönelik dış politikası da yukarıda bahsettiğimiz değişimden ciddi derecede etkilenmiştir. Her ne kadar, Türkiye-Gürcistan İlişkileri, Soğuk Savaş'ın sona ermesinden bu yana müttefiklik çerçevesinde ilerliyor olsa da, son dönemde iki ülke arasındaki siyasal ve ekonomik ilişkiler daha da ileri noktalara götürülmeye çalışılmaktadır.

NATO üyesi, AB adayı ve KEİT'in kurucusu Türkiye, Gürcistan için çok değerli bir müttefiktir. Zira Gürcistan, Batı ile yakınlaşmak ve içerisine sürüklendiği ekonomik çıkmazı aşabilmek için Türkiye'nin siyasal ve ekonomik desteğine ihtiyaç duymaktadır. Türkiye'nin yapacağı yatırımlar, AB-Türkiye işbirliği ve ABD'nin de siyasal ve ekonomik desteği ile gerçekleştirilecek ve Gürcistan'ı da kapsayacak olan enerji odaklı projeler ile Gürcistan'ı derinden etkileyen ayrılıkçı bölgeler konusunda Türkiye'nin bu ülkeye vereceği destek, Gürcistan için hayati önemdedir. Rusya'nın hemen güneyinde yer alan ve Montrö Sözleşmesi'nin oluşturduğu Karadeniz rejimi nedeniyle Batı Dünyası'ndan gelecek askeri destekten yoksun kalan Gürcistan, kısa süreli bir savaşa kadar varan çok ciddi siyasal sorunlar yaşadığı Rusya'ya karşı yalnız kalmamak için, Türkiye'nin vereceği siyasal, askeri ve ekonomik desteğe muhtaçtır. Çıkış noktası Azerbaycan olan doğu-batı yönlü enerji projelerinin içerisinde yer almak isteyen Gürcistan, özellikle Türkiye ile ilişkilerini sıcak tutmak zorundadır. Çünkü Türkiye-Gürcistan İlişkileri'nin siyasal müttefiklik temelinde ilerlemesi Gürcistan-Azerbaycan İlişkileri'nin geleceğine de etki edecektir. Bunun yanı sıra Gürcistan içerisinde ayrılıkçı bir tutum izleyen ve Rusya tarafından da bağımsızlıkları tanınan Abhazya ve Güney Osetya gibi bölgelerin halklarının Türkiye ile olan kültürel ve tarihsel bağları da dikkate alındığında, Gürcistan'ın toprak bütünlüğünün korunabilmesi açısından Türkiye'nin vereceği desteğin önemi de ortaya çıkmaktadır.

Türkiye'nin bağımsızlığını elde etmesinden bu yana Gürcistan'a destek vermesinin de birtakım nedenleri bulunmaktadır. Gürcistan, Türkiye'nin enerji terminali olabilme iddiasını gerçeğe dönüştürebilmesi ve Rusya'ya olan enerji bağımlılığını biraz olsun azaltıp, kaynak çeşitlendirmesine gidebilmesi açısından önemli bir bağlantı noktasıdır. Zira hem Türkiye hem de Azerbaycan'ın Ermenistan ile çok ciddi siyasal sorunları vardır ve bu ülkelerin Ermenistan üzerinden geçecek projeler ortaya koyabilmeleri mümkün değildir. İşte bu noktada Gürcistan'ın coğrafi önemi ortaya çıkmakta ve Orta Asya-Hazar kaynaklı ve Azerbaycan çıkışlı petrol ve doğalgaz botu hatları Gürcistan'dan geçerek Türkiye'ye ulaşabilmektedir. Bakü-Tiflis-Ceyhan Petrol Boru Hattı ile Bakü-Tiflis-Erzurum Doğalgaz Boru Hattı bu projelere birer örnek oluşturmaktadır. Aynı durum, Türkiye'nin tarihi İpek Yolu'nu canlandırabilme ve Kafkasya bağlantılı yeni ulaştırma güzergâhları yaratabilme stratejisi için de geçerlidir. Bakü-Tiflis-Kars Demiryolu Projesi bu stratejinin bir ürünü olarak doğmuştur.

Türkiye'nin Güney Kafkasya'daki en önemli partneri Azerbaycan'dır. İki ülke arasındaki tarihsel ve kültürel ortaklığın yanı sıra, Türkiye'nin Azerbaycan'ın enerji kaynaklarına, Azerbaycan'ın da Türkiye'nin sağlayacağı siyasal, ekonomik ve askeri desteğe ihtiyaç duyuyor olması, karşılıklı bir bağımlılık ilişkisi doğurmaktadır. İşte bu noktada Gürcistan da önemli bir ülke olarak belirmektedir. Zira Gürcistan'ın Azerbaycan'a vereceği destek, bu ülkenin kuzeybatı yönlü güvenlik kaygılarını en alt düzeye çekecek ve Azerbaycan güvenlik anlamında batısındaki Ermenistan ile güneyindeki İran'a odaklanabilecektir. Azerbaycan'ın güvenliği ve istikrarı, Türkiye'nin Güney Kafkasya Politikası açısından birincil önemde olduğu için, Gürcistan'ın Azerbaycan ile müttefiklik ilişkisinin devam etmesi gerekmektedir. Bu süreçte de Türkiye'nin Gürcistan'a siyasal, ekonomik ve askeri destek vermesi zorunludur. Gürcistan ile ilişkilerin bozulması demek, Türkiye-Azerbaycan bağlantısının coğrafi anlamda kopması anlamına gelecektir. Gürcistan'a verilecek destek, Türk Dış Politikası'nın son dönemde üzerinde kararlılıkla durmaya başladığı bölgesel liderlik rolüne de katkıda bulunmakta ve 1990'ların başında Türkiye'nin ortaya attığı KEİT fikrinin canlanmasına da önayak olmaktadır.

Bu çalışmada, Türkiye ile Gürcistan arasındaki müttefiklik ilişkisinin siyasal, ekonomik ve askeri boyutları, bölgesel gelişmeler ve Gürcistan'ın yaşadığı problemlere atıf yapılarak ele alınacaktır.

## 1. Soğuk Savaş Sonrası Türkiye'nin Güney Kafkasya Politikası

Türkiye, Soğuk Savaş boyunca Avro-Atlantik Dünyası'na bağlı kalmış ve bu ittifakın genel yaklaşımına uygun bir dış politika çizgisi izlemiştir. 1952 yılında NATO üyesi olarak kendisini Doğu Bloğu'ndan soyutlayan Türkiye, sahip olduğu askeri güç ile Batı Bloğu'nun SSCB sınırındaki sınır karakolu işlevini görmüştür.[1] Bu durum Türkiye'nin SSCB hâkimiyeti altında kalan Doğu Bloğu ülkeleri ile iyi ilişkiler geliştirmesini engellemiş ve Soğuk Savaş boyunca Türkiye'nin özellikle Kafkasya Bölgesi ile siyasal ve ekonomik ilişkileri tam anlamıyla dondurulmuştur. Soğuk Savaş'ın sona ermesi Türk Dış Politikası'nın önüne bölgesel bir güç olabilmek bağlamında ciddi bir seçenek sunarken, siyasal anlamda yeniden kurgulanan Kafkasya ve Balkanlar gibi bölgelerde tarihsel, etnik ve dinsel boyutlara haiz çok ciddi güvenlik problemleri de ortaya çıkmıştır.[2] Soğuk Savaş süresince, Doğu Bloğu'nun lideri olan SSCB tarafından ideolojik, siyasal ve askeri tedbirler ile bastırılan bu problemlerin yeniden ortaya çıkması, Türkiye'nin bölgesel liderlik rolünü inşa edebilmesinde zorluklarla karşılaşmasına yol açmıştır. 1990'lı yılların ikinci yarısından itibaren, ABD ile Rusya'nın dış politika anlayışlarının rekabetçi bir çizgiye çekilmesi ile özellikle Güney Kafkasya'da işlerin sanıldığı kadar kolay yürümeyeceği anlaşılmıştır.

Geniş Karadeniz Havzası'nın doğusunda yer alan Güney Kafkasya, Soğuk Savaş'ın bitişinin hemen ardından etnik temelde kurgulanan 3 ayrı cumhuriyetin kontrolüne girmiştir. Ne var ki, bu üç cumhuriyet, çok ciddi siyasal ve ekonomik problemler ile karşı karşıya kalmıştır. Bu problemlerden en önemlileri, etnik kimlik temelinde beliren siyasal ayrılıkçılık girişimleri ile Sovyet tipi ekonomi anlayışından serbest pazar ekonomisine geçişte ortaya çıkan ve henüz tam manasıyla aşılamamış olan yapısal ekonomik sorunlardır.[3] Güney Kafkas Cumhuriyetleri, kendi iç dinamiklerinde ciddi bir sıkıntıya yol açan etnik ayrılıkçılık ve yapısal ekonomik sorunlarla boğuşurken, kendi aralarında da sorunlar yaşamaktan uzak durmamışlardır. Buna örnek olarak, Ermenistan'ın Azerbaycan topraklarının 1/5'ini işgal etmesi ve Batı komşusu Türkiye'nin topraklarına ilişkin revizyonist emellerini bağımsızlık bildirgesine dahi yansıtmış olması gösterilebilir.

---

[1] John Lewis Gaddis, **"Soğuk Savaş: Pazarlıklar, Casuslar, Yalanlar, Gerçek"**, İstanbul, Yapı Kredi Yayıncılık, Aralık 2008.

[2] Kamer Kasım, **"Soğuk Savaş Sonrası Kafkasya"** , Ankara, USAK Yayınları, 2009, s. 91.

[3] Fikret Elma, "Küreselleşme Sürecinde Güney Kafkasya Demokrasi, Güvenlik ve İşbirliği Sorunu" , **Uluslararası Sosyal Araştırmalar Dergisi**, c. 6, n. 2, Kış 2009, ss. 195-206.

Bilindiği gibi, Orta Asya-Hazar Bölgesi, dünyanın enerji anlamında en zengin coğrafyalarından birine işaret etmektedir ve bu bölgeden çıkarılacak petrol ve doğalgazın en önemli müşterisi de AB'dir.[4] Ne var ki, AB, bu bölgeden çıkarılacak olan enerji kaynaklarının tek müşterisi değildir. Zira Rusya ve Çin, bu bölgedeki enerji kaynaklarına ulaşım konusunda hem coğrafi hem de siyasal ve tarihsel avantajlara sahiptir. Bu nedenle AB, çok kapsamlı bir enerji stratejisi ortaya koymak zorunda kalmış ve tam da bu noktada, Türkiye ile karşılıklı bağımlılığa dayanan bir işbirliği geliştirmeyi tercih etmiştir. Bu işbirliği girişimi Türkiye'nin, coğrafi konumu ve sahip olduğu tarihsel, siyasal ve ekonomik avantajlar eliyle bölge ülkeleri nezdinde saygın bir yere sahip olması temelinde şekillendirilmiş ve Türkiye'nin giderek artan enerji ihtiyacının oluşturduğu içsel faktör de değerlendirmeye alınmıştır. Buna göre, Türkiye, AB'nin geliştireceği ve ABD'nin de Rusya'ya karşı denge oluşturabilmek ve bölge ülkelerine güven telkin edebilmek amacıyla destek vereceği Hazar orijinli ve Güney Kafkasya geçişli enerji hattı projelerine katılacak ve içselleştirmiş olduğu tarihsel, siyasal ve ekonomik avantajları bu projelerin gerçekleştirilebilmesi için tedavüle sokacaktır. Böylece, hem AB hem de Türkiye, Rusya'ya olan enerji bağımlılığını biraz olsun azaltabilecek, enerjide kaynak çeşitliliği sağlanacak ve genel olarak Avrasya'da, özelde ise Güney Kafkasya'da Rusya'yı dengelenebilecekti.

Türkiye, AB'nin ortaya attığı ve ABD'nin de desteklediği bu politikayı desteklemiştir. Zira Türkiye'nin enerji ihtiyacı giderek artmakta ve enerji faturası da kabarmaktaydı. Bu politika aracılığıyla, hem Türkiye'nin enerji ihtiyacının önemli bir kısmı karşılanacak hem de enerjide kaynak çeşitliliği sağlanarak Rusya ve İran'a olan bağımlılık azaltılacaktı. AB ve ABD'nin ortaya koyduğu bu politika, Türkiye'nin Güney Kafkasya-Hazar bölgesindeki siyasal etkinliğinin arttırılmasını da beraberinde getirecekti. Zira bu uygulama neticesinde Türkiye'nin 1990'ların başında ortaya attığı Geniş Karadeniz Havzası'na hâkim bir bölgesel güç olabilme stratejisi, Avro-Atlantik İttifakı'nın ortaya koyduğu politika eliyle de onaylanıyor ve Güney Kafkasya özelindeki Türk etkinliğinin önündeki iki engelden biri ortadan kalkıyordu. Diğer engel Rusya ile ilişkiler ise Avro-Atlantik ittifakı ile dengeyi gözetecek şekilde şekillendirilmeliydi ve Türkiye, bu amaca uygun olarak Rusya ile ikili ilişkileri geliştirmek üzere çok çeşitli siyasal, sosyal ve özellikle ekonomik girişimlerde bulunmaktaydı.

---

4 Tracey C. German, "Corridor of Power: The Caucasus and Energy Security" , **Caucasian Review of International Affairs**, c. 2, n. 2, 2008, ss. 64-72.

Güney Kafkasya konusunda Türkiye'nin önüne çok ciddi engeller de çıkmıştır. Bu engellerden en önemlisi, Türkiye'nin bölge halkları ile arasında tarihsel, sosyal ve kültürel bağlar olmasına karşın, SSCB döneminde yaşanan kopukluk nedeniyle beliren bilgi eksikliğidir. Nitekim bu bilgi eksikliği, Türkiye'nin bölgeye ilişkin yeni bir altyapı oluşturmasını zorunlu kılmıştır. 1992 yılında Dışişleri Bakanlığı'na bağlı olarak kurulduktan sonra 1999 yılında Başbakanlığa bağlanan Türk İşbirliği ve Kalkınma Ajansı (TİKA), Ermenistan dışındaki iki Güney Kafkas ülkesine ilişkin çalışmalar yürüterek ve bu ülkelerle ticaret, teknoloji ve kültür alanlarında işbirliğini geliştirerek, hem sıkıntılı bir geçiş dönemi yaşayan bu iki ülkeye kalkınma yolunda yardımcı olmuş, hem de bölgedeki Türk etkinliğinin yeniden artmasına vesile olmuştur.[5] Türkiye'nin, Soğuk Savaş sonrası dönemde Güney Kafkasya'ya yaklaşım konusunda bilgi eksikliğinden dolayı gecikmelerle karşılaşmış olması, bu bölgeye yaklaşım konusunda daha derinlikli analizler yapılabilmesinin önüne geçmiş ve Türk Dış Politikası'nın Güney Kafkasya'ya olan yaklaşımı uzunca bir süre sadece Dağlık Karabağ Sorunu ve Türk-Ermeni İlişkileri'nde yaşanan problemlere odaklanmıştır. Bu durum, dinamik bir nitelik kazanan bölgesel dengelere ilişkin politika üretimi konusunda, Türkiye'nin ciddi bir zamanlama problemi ile karşılaşmasına yol açmıştır.[6]

Türkiye'nin önündeki bir diğer engel ise Rusya olmuştur. SSCB döneminde bölgenin siyasal kontrolünü elinde bulunduran ve özellikle Azerbaycan'da bulunan enerji kaynaklarından istediği şekilde yararlanan Rusya, Soğuk Savaş sonrası diğer küresel ve bölgesel güçlerin ilgi odağı haline gelen Güney Kafkasya konusunda oldukça tedirgin bir dış politika izlemektedir. Güney Kafkasya'nın, Rusya'nın etnik ve dinsel problemler nedeniyle siyasal kontrolü elinde tutmakta zorlandığı Kuzey Kafkasya'ya komşu olması ve Güney Kafkasya'yı siyasal nüfuzu altına alacak bir küresel ya da bölgesel gücün Rusya'nın güney sınırlarından tehdit algılamasına yol açacak oluşu, Rusya için önemli bir tedirginlik sebebidir. Bunun yanı sıra, Rusya'nın "yakın çevre politikası" gereğince,[7] "arka bahçesinde" yer alan eski Sovyet cumhuriyetlerini Avrasya Ekonomik Birliği ve KGAÖ (Kollektif Güvenlik Antlaşması Örgütü) üyeliği çerçevesinde kendi siyasal nüfuzu altında tutmak istemesi bir diğer nedeni ortaya koymaktadır.

İran'ın, Güney Kafkasya'yı kendi güvenlik kuşağında görmesi, Türkiye'nin önüne çıkan bir diğer engel olmuştur. İran, Türkiye'nin işini zorlaştırabilmek için Ermenistan ile

---

[5] Kasım, **"Soğuk Savaş..."** , s. 94.
[6] Ahmet Davutoğlu, **"Stratejik Derinlik"** , İstanbul, Küre Yayıncılık, 2009, s. 128.
[7] İdil Tuncer, "The Security Policies of the Russian Federation: The Near Abroad and Turkey" , **Turkish Studies**, c. 1, 2000, ss. 95-112.

çeşitli siyasal ve ekonomik antlaşmalar yapmış ve Dağlık Karabağ Sorunu'nun çözümü konusunda da zaman zaman Azerbaycan ile Türkiye'nin karşısında konumlanmıştır.[8] Ne var ki, özellikle 2000 sonrası dönemde Türkiye-İran İlişkileri'nde gerginliğin dozu azalmış ve İran, Türkiye'nin Güney Kafkasya'ya yönelik politikası bağlamında daha mutedil bir tavır takınmaya başlamıştır. Yine de, İran ile Türkiye'nin Güney Kafkasya'daki en büyük müttefiki Azerbaycan arasındaki siyasal ve toplumsal sorunlar devam etmekte, İran-Ermenistan İlişkileri, Türkiye ve Azerbaycan'ın aleyhinde olacak şekilde, yavaş da olsa gelişimini sürdürmektedir.

Güney Kafkasya'da yaşanan etnik ve dinsel-kültürel temelli silahlı çatışmalar ve bu çatışmalar sonucunda ortaya çıkan ayrılıkçı bölgeler, Türkiye'nin Güney Kafkasya'da daha etkin bir dış politika yürütebilmesinin önünü tıkayan bir diğer husustur. Zira Türkiye, bu sorunlar nedeniyle bölge ülkelerine olan yaklaşımını farklılaştırmak zorunda kalmıştır. Güney Kafkasya'da ortaya çıkan etnik ve dinsel sorunları ve ayrılıkçı hareketleri en iyi kullanan aktör ise Rusya olmuştur. Rusya, kendi etki alanından çıkarak Türkiye ve Avro-Atlantik İttifakı'na yakınlaşan Gürcistan ve Azerbaycan gibi ülkeleri, SSCB döneminde yapılan hukuksal düzenlemeler ile oluşturulmuş etnik ve kültürel temelli ayrım hatlarına uygun olarak ya da bu ayrılıkçı hareketleri kendi istediği doğrultuda kullanarak zor bir duruma sokmuştur.[9] Gürcistan'ın karşı karşıya olduğu Abhazya ve Güney Osetya sorunları ile Azerbaycan'ın coğrafi bütünlüğünü zedeleyen Dağlık Karabağ Sorunu bu politikanın işleyişine güzel birer örnektir.

Güney Kafkasya, Türkiye'nin tarihsel ve kültürel yakınlık duyduğu bir alan olmasının yanı sıra, sahip olduğu enerji kaynakları nedeniyle dünya siyasetinin gündemine oturmuş Hazar ve Orta Asya Bölgeleri'ne ulaşabilmek anlamında Türkiye'nin en önemli çıkış kapısı konumundadır.[10] Bölge, Türkiye'nin güvenliği anlamında da oldukça önemlidir. Nitekim bu bölgede yaşanan sorunlar, her an Türkiye'yi de işin içerisine çekebilme kapasitesine sahiptir. Örneğin, Azerbaycan ile Ermenistan arasındaki dondurulmuş Dağlık Karabağ Sorunu'nun, yeniden bir savaşa dönüşmesi halinde Türkiye tarafsız kalamayacaktır. Zira Türkiye'nin Güney Kafkasya'daki en önemli partneri Azerbaycan'dır. Türkiye toprakları üzerinde siyasal emelleri bulunan, Türkiye'yi soykırım suçu ile yaftalayan, Azerbaycan topraklarının %20'sini

---

[8] Mehmet Fatih Öztarsu, "İran'ın Dağlık Karabağ Politikaları", **Stratejik Düşünce Enstitüsü**, 7 Temmuz 2010, (Çevrimiçi), http://www.sde.org.tr/tr/haberler/1164/iranin-daglik-karabag-politikalari.aspx , 22 Mart 2011.

[9] Roman Muzalevsky, "The War in Georgia and its Aftermath: Russian National Security and Implications for the West", **Uluslararası Hukuk ve Politika**, c. 5, sayı 19, 2009, ss. 109-129.

[10] İdris Bal, "Türkiye-Ermenistan İlişkileri", İdris Bal (Der.), **21.Yüzyılda Türk Dış Politikası**, Ankara, Nobel Yayıncılık, Ocak 2004, ss. 398-399.

işgali altında bulunduran ve Rusya ile çok derin siyasal, askeri ve ekonomik bağları bulunan Ermenistan ile Azerbaycan arasında çıkacak askeri bir mücadelede Türkiye'nin tarafsız kalabilmesi mantık dâhilinde değildir. Ancak Türkiye'nin işin içerisine çekilmesi demek, Rusya'nın da Ermenistan'ın yanında yer alması anlamına gelecektir ki, bahsettiğimiz güvenlik riskinin temel eksenini de bu olasılık oluşturmaktadır. Bu nedenle Türkiye, Güney Kafkasya'daki etnik ve dinsel ayrılıkçılık problemlerinin tüm tarafların hakları gözetilerek, hakkaniyet içerisinde çözülmesinden yanadır ve çözüm yönünde bir umut ışığının doğması halinde sorumluluk almaya da hazırdır.

Türkiye, Güney Kafkasya'da bulunan Rus askeri üsleri nedeniyle bölgeyi yakından izlemek zorundadır.[11] Zira bu askeri üsler, Rusya'nın bölgeyi yakın çevre politikası çerçevesinde kontrol edebilme stratejisinin temel parçalarından birini oluşturmakta ve bölge ülkelerinin dış politikalarını etkileyerek, onların Türkiye'den uzaklaşmalarına yol açabilecek bir faktör olarak görülmektedir.

Güney Kafkasya, Orta Asya'da yer alan ve Türkiye ile çok yakın tarihi, kültürel ve toplumsal bağları bulunan Türkî Cumhuriyetler ile Türkiye arasındaki en kısa mesafeyi ifade etmektedir. Türkiye, Orta Asya'daki akraba devletler ile siyasal, ekonomik ve kültürel bağlar kurmak istiyorsa, Güney Kafkasya'da etkin bir politika yürütmek zorundadır.

Türkiye'nin son dönemde ortaya attığı en önemli dış politika önceliklerinden biri de, Çin sınırından başlayarak Avrupa'ya uzanan tarihi İpek Yolu'nu canlandırabilmektir.[12] Üstelik Çin de aynı hedefin gerçekleştirilebilmesini arzulamaktadır. Tarihi İpek Yolu'nun canlandırılabilmesi, doğu-batı yönlü ticaret yolunun çeşitlendirilebilmesine olanak sağlayacak ve bölgede yer alan ülkeler Rusya'ya mahkûm olmaktan kurtulacaklardır. İşte bu nedenle Güney Kafkasya'da istikrarlı bir yapının oluşturulmasına ihtiyaç vardır. Zira Orta Asya'dan başlayan ticaret yolunun Türkiye'ye ulaşabilmesi için Güney Kafkasya'dan geçmesi gerekmektedir. Tarihi İpek Yolu'nun canlandırılması ve Güney Kafkasya'nın da bu canlılıktan yararlanır hale gelmesi, hem bölgede yer alan devletlerin ekonomik işleyişine katkıda bulunacak hem de onların dünya siyaseti ve ekonomisine daha çok eklemlenmesini beraberinde getirecektir. İpek Yolu'nun canlandırılması projesi, Bakü-Tiflis-Ceyhan ve Bakü-Tiflis-Erzurum gibi doğu-batı yönlü enerji projeleri ile birlikte düşünüldüğünde, hem

---

[11] "Russia Extends Lease on Military Base in Armenia through 2044" , **RIA Novosti**, 20 Ağustos 2010, (Çevrimiçi), http://en.rian.ru/mlitary_news/20100820/160276128.html , 22 Mart 2011.
[12] Sercan Doğan, "Ekonomik İşbirliği Teşkilatı: 21.Yüzyılda Tarihi İpek Yolunu Canlandırma Çabaları" , **Ortadoğu Analiz**, c. 3, sayı 26, Şubat 2011, ss. 63-70.

Azerbaycan ve Gürcistan'ın hem de Türkiye'nin ne tür kazançlar sağlayabileceği açıkça görülebilecektir.

Türkiye'nin Güney Kafkasya'daki en önemli müttefikleri Azerbaycan ve Gürcistan'dır. Azerbaycan, sahip olduğu enerji kaynaklarını Rusya'ya mahkûm olmadan Batı'ya aktarabilmek ve siyasal-ekonomik manada Batılı güçler ile yakınlaşarak üzerindeki Rus etkinliğini azaltabilmek amacıyla Türkiye ile birlikte hareket etmektedir. Tabii ki, Türkiye ile Azerbaycan arasındaki tarihsel, kültürel ve sosyal yakınlık da Türkiye-Azerbaycan İlişkileri'ne derinden etki etmektedir. Merhum Azeri lider Haydar Aliyev'in, *"Bir millet, iki devlet"* vecizesi iki ülke arasındaki yakınlığı en net ifade eden tanımlamadır.

Gürcistan ise, Rusya'nın kendisi üzerinde kurduğu siyasal ve askeri baskıdan kurtulabilmek, ayrılıkçı bölgeler konusunda desteğini almak, ekonomisinin ihtiyaç duyduğu yatırım olanaklarını arttırabilmek ve Avro-Atlantik İttifakı ile daha yakın ilişki kurabilmek amaçlarıyla Türkiye'ye yakınlaşmıştır. Türkiye, bu ülkeye ciddi oranlarda yatırım yaparak, toprak bütünlüğünü destekleyerek ve AB-ABD ortaklığında gerçekleştirilen doğu-batı yönlü enerji projelerine Gürcistan'ı da katarak, bu ülkenin dünya siyasetine ve ekonomisine eklemlenebilmesine olanak sağlamaya çalışmıştır. Türkiye'nin Gürcistan'a bu denli yakınlaşmasının en önemli nedeni, hem kendisinin hem de Azerbaycan'ın Ermenistan ile yaşadığı siyasal problemlerdir. Doğu-batı yönlü enerji ve ulaştırma projelerinin gerçekleştirilmesi, Türkiye ve Azerbaycan'ın Ermenistan ile yaşadığı sorunlar nedeniyle, ancak Gürcistan'ın katılımı ile gerçekleştirilebilirdi. Bunun yanı sıra, Gürcistan'ın Dağlık Karabağ Sorunu konusunda takınacağı tarafsız tutum Azerbaycan'ın güvenlik risklerini azaltabilecek ve Ermenistan'ın dengeleri tamamen kendi lehine çevirmesini engelleyecekti. Türkiye, Gürcistan topraklarında yaşayan Azeri ve Ahıska Türkleri'nin güvenliğini sağlayabilmek amacını da bu ülkeye yönelik izlediği dış politikanın bir parçası olarak ele almıştır.

Ermenistan ise Türkiye'nin Güney Kafkasya'ya ilişkin geliştirdiği stratejilerde ve işbirliği projelerinde hiçbir şekilde yer almayan bir ülkedir. Bu ülkenin, Türkiye-Ermenistan sınırını kabul etmemesi, Türkiye'nin Doğu Anadolu Bölgesi'ne ilişkin revizyonist emeller içerisinde olması, "Ermeni Tehcirini" soykırım olarak tüm dünyaya tanıtma girişiminde bulunuyor oluşu ve Azerbaycan topraklarının %20'sini işgal etmesi; Türkiye ve Azerbaycan'ın Ermenistan'ı bölge çapında gerçekleştirilen enerji, ticaret ve ulaştırma projelerinden soyutlamasının temel nedenlerini oluşturmaktadır. Bugün Türkiye-Ermenistan ve Azerbaycan-Ermenistan sınırları kapalı durumdadır. Hatta Azerbaycan ile Ermenistan, henüz barış antlaşması imzalamadığı için hukuksal anlamda savaş halindedirler.

### 2. Gürcistan'ın Genel Görünümü

Sovyetler Birliği'nin dağılmasının ardından bağımsızlığına kavuşan Gürcistan, Kafkasya'nın otokton halklarından biri olan Gürcülerin memleketidir.[13] Gürcistan, Güney Kafkas Cumhuriyetleri içerisinde gerek demografik, gerek coğrafi, gerekse de dış etkenlere oldukça açık olan siyasal yapısı itibarıyla oldukça farklı bir yere yerleştirilmelidir. Yine Gürcistan, Rusya Federasyonu ile en uzun sınıra sahip Güney Kafkasya ülkesi konumundadır.[14] Gürcistan, Kuzey Kafkasya'ya olan komşuluğu, doğu-batı yönlü enerji hatları ve ulaştırma güzergâhlarının kesiştiği bir bölgede yer alması, Karadeniz'e kıyısı olması ve komşuları Azerbaycan ile Ermenistan arasında süregelen siyasal sorunlar muvacehesinde bir denge unsuru olması nedeniyle çok kritik öneme sahip olan bir ülkedir. Gürcistan, bugün itibarıyla fiili olarak 3'e bölünmüş bir görünüm arz etmektedir. Nitekim Abhazya ve Güney Osetya gibi etnik ve kültürel anlamda ayrılıkçı nitelik taşıyan bölgeler, 2008 yılında yaşanan Rus-Gürcü Savaşı'nın ardından, Rusya'nın da askeri ve siyasal desteği ile Gürcistan'dan tek taraflı bağımsızlıklarını ilan etmişlerdir.[15]

Gürcistan, 4,5 milyonun biraz üzerinde bir nüfusa sahiptir. Nüfusun yaklaşık %70'inin 15-64 yaş arasında olduğu düşünüldüğünde genç bir nüfusa sahip olduğu söylenebilir. Gürcü nüfusu, ülkedeki siyasal gerginlik, ekonomik sıkıntılar ve az gelişmişlikten kaynaklanan geniş çaplı sağlık problemleri nedeniyle sürekli olarak azalmaktadır. Yurtdışına verilen göç, Gürcistan nüfusunun azalmasının en önemli nedenlerinden biridir. Gürcistan'da, nüfusun etnik gruplara dağılımına göz gezdirdiğimizde; toplam nüfusun %83,8'inin etnik Gürcü, %6,5'inin Azeri, %5,7'sinin Ermeni, %1,5'inin Rus ve %2,5'inin de diğer Kafkas Halkları'ndan oluştuğunu görürüz. Ülkenin dinsel yapısına ise Ortodoks Hıristiyanlık hâkimdir.[16] Gürcülerin, kendilerini diğer Kafkas Halkları'ndan üstün gören yaklaşımı ve SSCB'nin dağılmasının ardından kendi toprakları içerisindeki Gürcü olmayan halklara karşı

---

[13] Ufuk Tavkul, "Kafkasya İçin Türkiyat Araştırmalarının Önemi" , **I. Türkiyat Araştırmaları Sempozyumu Bildirileri**, 25-26 Mayıs 2006, ss. 189.

[14] Fırat Karabayram, **"Rusya Federasyonu'nun Güney Kafkasya Politikası"** , Ankara, Lalezar Kitabevi, 2007, s. 171.

[15] Kamer Kasım, "The August 2008 Russian-Georgian Conflict and its Implications: A New Era in the Caucasus?" , **OAKA**, c. 5, sayı 9, 2010, ss. 64-81.

[16] "World Factbook" , **CIA**, (Çevrimiçi), https://www.cia.gov/library/publications/the-world-factbook/geos/gg.html , 23 Mart 2011.

takındığı Gürcüleştirme politikası, bugün Gürcistan'ın yaşadığı sorunların en önemli nedenlerinden birini oluşturmaktadır.

### 2.1. Siyasal ve Ekonomik Yapı

Gürcistan, Soğuk Savaş döneminde SSCB'ye bağlı federe bir cumhuriyetti. Gürcüler, SSCB içerisinde önemli bir konumda yer alan ve Ruslar ile iyi anlaşan bir millet olarak tanınmaktaydılar. Nitekim SSCB'nin teşkilatlanmasında çok önemli payı olan Josef Stalin de aslen bir Gürcü'ydü.[17] Gürcülerin Ruslar ile iyi anlaşmaları, onların Kafkasya Bölgesi'nde daha ayrıcalıklı bir yere sahip olmalarını beraberinde getirmiştir. Gürcistan'ın başkenti Tiflis'e SSCB döneminde yapılan yatırımlar ve bu şehrin neredeyse Kafkasya'nın siyasal ve kültürel merkezi haline getirilmiş olması bu durumun açık bir kanıtıdır. Gürcüler, Sovyetler Birliği Komünist Partisi'nde de önemli roller üstlenmişlerdir. Mikhail Gorbachev döneminde SSCB'nin Dışişleri Bakanlığı koltuğunda Gürcü kökenli politikacı Eduard Shevardnadze oturmaktaydı. Bilindiği gibi, aynı Shevardnadze daha sonra Gürcistan'ın ikinci devlet başkanı olacaktır.

SSCB'nin dağılma aşamasına gelmesi, tıpkı Azeriler ve Ermeniler gibi Gürcüleri de bağımsızlık yolunda hareket etmeye itmiş ve Gürcü Milliyetçiliği, 1980'lerin sonlarından itibaren yükselişe geçmiştir. SSCB'nin, Haziran 1988'de yaptığı anayasa değişiklikleri sonrasında bu devlete bağlı olan federe birimlere daha geniş hakların tanınması, Gürcistan'da da geniş yankılar bulmuştur. Nitekim Gürcistan'ın SSCB'ye katılmasının 68. yılının kutlandığı 25 Şubat 1989'da Tiflis'te yapılan gösterilerde aşırı milliyetçi gruplar nümayiş gösterilerinde bulunmuş ve çok sayıda kişi gözaltına alınmıştır.[18] SSCB'nin dağılma noktasına gelmesi ve bu ülkeye bağlı diğer devletlerin birer birer bağımsızlıklarını ilan etmeye başlamaları, 1989'da başlayan hareketliliğin Mart 1991'de bağımsızlıkla sonuçlanmasında etkili olmuştur. 1989-1991 arası dönemde Gürcistan topraklarında yaşanan karışıklıklar esnasında patlayan Gürcü-Azeri çatışması, bağımsızlık sonrası Gürcistan'da milliyetçi hezeyanların doruk noktasına çıkacağını gösteriyordu. Nitekim aynı dönemde Abhazya ve Güney Osetya'da da sorunlar yaşanmaya başlanmıştır.

---

[17] Josef Stalin, 21 Aralık 1879'da Gürcistan'ın Gori Şehri'nde doğmuştur. Asıl ismi Joseph Vissarionovich Dzhugashvili (Cugaşvili)'dir.

[18] Okan Mert, **"Türkiye'nin Kafkasya Politikası ve Gürcistan"** , İstanbul, IQ Kültür Sanat Yayıncılık, 2004, s. s. 161.

Gürcistan'ın seçilmiş ilk devlet başkanı olan Zviad Gamsahurdiya, Gürcü milliyetçisi bir isim olarak bilinmektedir. Gamsahurdiya, 1976 yılında Helsinki Nihai Senedi İlkeleri'nin uygulanmasını isteyen bir Helsinki Grubu kurmuş ve bu siyasal faaliyetlerinden dolayı tutuklanmıştır. Gamsahurdiya, SSCB'nin dağılma noktasına geldiği dönemde ise temelini Gürcü milliyetçiliğinin oluşturduğu çok sayıda siyasi hareketi bir araya getirerek "Yuvarlak Masa-Özgür Gürcistan" adlı bir siyasi hareket teşkil etmiştir.[19] Gürcistan'ın bağımsızlığını ilan etmesinin ardından düzenlenen seçimler sonrası Mayıs 1991'de devlet başkanı seçilen Gamsahurdiya, önce Rus etkinliğinin bir göstergesi olan BDT'yi reddetmiş daha sonra da "Gürcistan Gürcülerindir" sloganıyla milliyetçi bir politika uygulamaya başlamıştır.[20] Kuşkusuz bu durum, Gürcistan içerisindeki farklı etnik ve dinsel gruptan insanları rahatsız ederken, Gürcistan'dan ayrılarak Rusya'ya bağlanma ya da bağımsız olma istekliliği içerisindeki otonom bölgeler Abhazya, Güney Osetya ve hatta Acaristan'da, Gürcistan'a karşı başkaldırıyı meşrulaştırmıştır.

Bağımsızlığını yeni elde eden ve içerisinde çok sayıda etnik ve dini grubu barındıran ülkelerin ilk planda yönelmemesi gereken en önemli husus milliyetçiliktir. Zira o devletin içerisinde bulunan farklı unsurları tek tipleştirmeye yönelik politikalar, siyasal gerginliğin artmasına ve kaçınılmaz olarak çatışmaların başlamasına yol açabilecektir. Hele bir de o ülkenin içerisinde etnik, kültürel ya da dinsel farklılığın tescili şeklinde hukuksal düzenlemelerle ortaya konmuş otonom bölgeler de bulunuyorsa durum daha da zorlaşacak ve hâkim grubun etnik ve kültürel özelliklerine vurgu yapacak şekilde işletilecek organik milliyetçilik, ülke içerisindeki farklı grupların ya da otonom bölgelerin ayrılıkçı istemlerine zemin hazırlayacaktır. Zira otonom bölgelerin ve ülke içerisindeki farklı unsurların da dönüp bakabilecekleri ve kendilerini içerisine konumlandırabilecekleri bir tarihleri, kültürleri, dilleri ya da dinleri olacaktır. Üstelik bu unsurlar onların hâkim gruba yakınlaşmalarını değil, hâkim gruptan uzaklaşmalarını tetikleyecek simgesel teşekküllerdir. Gürcistan'da da süreç buna benzer şekilde işlemiş ve Gürcü milliyetçiliğinin birleştirici bir unsur olarak kullanılmak istenmesi, ülke içerisinde yaşayan Abhaz, Oset, Azeri, Ermeni ve Acara kökeninden gelme Gürcistan vatandaşları ile siyasal yönetim arasındaki bağları gevşetmiş ya da Abhazya ile Güney Osetya örneğinde görüldüğü üzere koparmıştır.

---

[19] Ali Faik Demir, **"Türk Dış Politikası Perspektifinden Güney Kafkasya"**, İstanbul, Bağlam Yayınları, 2003, s. 119.

[20] Kamil Ağacan, "Ermenistan-Gürcistan İlişkileri" , **Ermeni Araştırmaları**, sayı 19, Sonbahar 2005.

Eduard Shevardnadze'nin iktidarının ilk yılları, Gamsahurdiya'nın izlediği aşırı milliyetçi tutum nedeniyle ayaklanan Abhazya ve Güney Osetya'da çıkan olaylarla ilgilenmek ve Rusya'nın, Gürcistan'ı BDT üyesi yapabilmek ve bu küçük ülkeyi kendi siyasal nüfuzu altında tutabilmek için uyguladığı siyasal, askeri, ekonomik baskılar ile uğraşarak geçmiştir. SSCB'den miras kalan korporatif siyasal yapıyı liberalize etmek ve tam bir geçiş dönemi ekonomisi karakteristiğine sahip olan Gürcü Ekonomisi'ni düzenlemeye çalışmak, Shevardnadze'nin üzerinde durduğu diğer konular olmuştur.

Eduard Shevardnadze, Gürcistan'ın parçalanmasını önlemek için öncelikle BDT'ye üye olunması gerektiğini anlamıştır. Zira Shevardnadze gibi tecrübeli bir politikacı için Abhazya ve Güney Osetya gibi otonom bölgelerin ayrılıkçı istemlerinin ardında Rusya'yı görmek çok zor olmamıştır. Shevardnadze, BDT üyeliğinin, ülke içerisinde dengeyi sağlamak ve kendi iktidarını sağlamlaştırmak yolunda ciddi bir seçenek olabileceğini de görüyordu. Zira Shevardnadze, özellikle Gürcü milliyetçileri ve Zviad Gamsahurdiya destekçileri tarafından da istenmeyen adam ilan edilmişti. Bu şartlar içerisinde, Gürcistan'ın 1994 yılında BDT'ye üye olduğunu görüyoruz.[21] BDT üyeliği, Shevardnadze'nin haklı çıktığını da göstermiştir. Zira BDT üyeliğinin hemen ardından Abhazya ve Güney Osetya'daki silahlı çatışmalar durmuş, iki bölge Gürcistan'dan fiili olarak kopuk hareket etseler de çözüm yönünde görüşmelere de başlanmıştır. Rusya, her iki bölgenin bağımsızlık yönünde daha fazla ilerlemesine izin vermemiş ve sorunların dondurulmasında etkin bir rol oynayarak Gürcistan ile Abhazya ve Güney Osetya arasında ilan edilen ateşkesin arabuluculuğunu üstlenmiştir. Rusya, Gürcistan'ın BDT'ye üye olmasının hemen ardından Gürcistan'da 3 adet askeri üs açmak üzere harekete geçmiş,[22] sağlanan ateşkes ile de barış gücü adı altında Abhazya sınırına Rus askerleri yerleştirilmiştir. Böylece Rusya, Gürcistan'ın içişlerine istediği şekilde karışma fırsatını bulmuş, buna karşılık olarak da Gürcülerin içine kapanık, izole ancak savaştan uzak bir şekilde yaşamalarını garanti etmiştir.

Eduard Shevardnadze, iktidarının ilk yıllarında koltuğunu sağlama aldıktan ve BDT'ye girerek Rusya'yı da memnun ettikten sonra daha dengeli bir dış politika izlemiş ve ülkesini Türkiye ve Avro-Atlantik Dünyası'na yakınlaştırmaya çalışmıştır. Aynı dengeli politikayı

[21] Kamer Kasım, "11 Eylül Sürecinde Kafkasya'da Güvenlik Politikaları", **OAKA**, c. 1, n. 1, 2006, ss. 29-30.

[22] Bahsedilen askeri üslerin sayısı daha sonra dörde çıkmıştır. Bu üsler Vaziani, Gudauta, Ahılkelek ve Batum'da yer almaktaydı. Gudauta Üssü dışında kalan diğer Rus askeri üsleri, 2007 yılı itibarıyla boşaltılmış olsa da Gudauta, Gürcistan'ın fiilen kontrolünün olmadığı Abhazya'da yer aldığı için kapatılmamıştır. Bu üs Rusya tarafından kullanılmaya devam edilmektedir. Konu ile ilgili bkz. Nikolai Sokov, "The Withdrawal of Russian Military Bases from Georgia: Not Solving Anything", **Program on New Approaches to Russian Security**, Policy Memo 363, June 2005 ve Fikret Ertan, "Gürcistan'daki Rus Üsleri", **Zaman**, 1 Temmuz 2007.

Güney Kafkasya'daki komşuları Ermenistan ve Azerbaycan'a olan yaklaşımında da sürdürmüştür. Ermenistan ile Azerbaycan arasındaki Dağlık Karabağ Problemi'ne müdahil olmayan ve tarafsız bir tutum takınan Gürcistan, hem Ermenistan-Rusya hem de Azerbaycan-Türkiye bağlantılarını sağlayan ülke olarak stratejik önemini daha da arttırmıştır. Yine de, Rusya'nın, Shevardnadze ile iyi geçinemediğini görüyoruz. Hatta Shevardnadze'ye karşı girişilen suikast girişimlerinin arkasında Rusya'nın olduğu dahi iddia edilmiştir. Özellikle de 1998 yılındaki suikast girişiminin ardından saldırganların Rus üssüne sığınmaları, Rusya'ya duyulan şüpheleri daha da arttırmıştır. Rusya'nın bu memnuniyetsiz tutumu ve ülkedeki etnik, dinsel ve siyasal problemleri tetikleme tehditleri savurması, Shevardnadze'yi Türkiye ile Avro-Atlantik Dünyası'na daha fazla yakınlaşmaya itmiştir. Ne var ki, bu defa da Avro-Atlantik Dünyası'nın Shevardnadze'ye olan tutumunun olumsuz bir havaya büründüğünü görüyoruz. Batı ile siyasal, ekonomik ve askeri işbirliğine dayalı bir dış politika izlemeyi arzulasa da, çok yakınında bulunan Rus tehdidi nedeniyle, Avro-Atlantik Dünyası ile yakınlaşmayı çok daha ağırdan alması ve dengeyi korumaya yönelik dış politika anlayışı Eduard Shevardnadze'nin özellikle ABD tarafından gözden çıkarılmasını da beraberinde getirecektir. Shevardnadze, ne Rusya'ya ne de Avro-Atlantik Dünyası'na yaranamadığı için ortaya atılan yolsuzluk iddiaları, seçim usulsüzlükleri ve halkın da kendi aleyhine dönmesi sonucu 2003 yılında yapılan parlamento seçimlerinin ardından istifa etmiştir. Shevardnadze'nin istifaya zorlanmasının arkasındaki itici güç ise ciddi sorunlar yaşadığı Rusya değil, iktidara geldiği günden bu yana yakınlaşmaya çalıştığı Avro-Atlantik Dünyası olmuştur. Nitekim George Soros ve onun oluşturduğu Açık Toplum Enstitüsü'nün Gürcistan'daki olayları planlayan, örgütleyen ve finanse eden güç olduğu yönünde çok açık kanıtlar bulunmaktadır. Soros'un daha sonraki dönemde yaptığı açıklamalardan da bu sonucu çıkarmak olasıdır.

Eduard Shevardnadze'yi istifa etmeye zorlayan halk ayaklanması ve arkasından gerçekleştirilen seçimler sonucu, Rusya karşıtı genç bir avukat olan Mikhail Saakaşvili'nin başkanlık koltuğuna oturması, literatüre *"Gül Devrimi"* olarak geçmiş ve daha sonra çok yaygın bir kullanıma kavuşacak olan *"renkli devrim"* girişimlerinin ilk örneklerinden biri olarak kabul edilmiştir.[23]

Eduard Shevardnadze'nin yerine Gürcistan Devlet Başkanı olan Mikhail Saakaşvili, hem eğitimi hem de yaşam tarzı açısından tam bir Batılı görünümü arz eden bir profil

[23] M. Turgut Demirtepe, **"Orta Asya ve Kafkasya Güç Politikası"** , Ankara, USAK Yayınları, 2008.

çizmektedir.[24] İktidara geldiği 2004 yılından itibaren Shevardnadze'nin dış politikada dengeyi gözeten yaklaşımından vazgeçen Saakaşvili, ülkesini NATO üyesi yapabilmek ve uzun vadede de AB'ye üye olabilmek yönünde ciddi bir isteklilik ortaya koymuştur. Gürcistan'ın Rusya'nın askeri ve siyasal baskısından kurtulması gerektiğini belirten açıklamaları ve bu açıklamalara uygun politikaları, Rusya ile Gürcistan arasındaki bağları neredeyse tamamen koparmış ve Rusya elinden gelen her türlü tedbiri kullanarak Saakaşvili yönetimindeki Gürcistan'ı köşeye sıkıştırmaya çalışmıştır. Rusya, Gürcistan'a yönelik olarak uygulamaya başladığı ekonomik, ticari ve sosyal kısıtlamalarını arttırmış, Gürcistan vatandaşlarına yönelik olarak uyguladığı vize rejimini daha da sıkılaştırırken, bu küçük ülkenin en önemli ihraç maddelerinden biri olan Gürcü şaraplarının da Rusya'ya girmesine yasak getirmiştir. Bu tedbirlerin yanı sıra Rusya'nın Gürcistan'ın içişlerine de karıştığını ve özellikle Abhazya ile Güney Osetya'yı Gürcistan'a karşı yeniden başkaldırmaya ittiğini gözlemliyoruz.[25]

Mikhail Saakaşvili, Rusya karşıtı ve ABD yanlısı bir dış politika izlemesinin yanı sıra, ayrılıkçı bölgeler sorununun üzerine de eğilmiştir. Ne var ki, Saakaşvili'nin politikaları Shevardnadze'nin politikalarından çok daha farklıdır. Nitekim Saakaşvili, askeri unsurları ön plana süren, Gürcü milliyetçiliğini yeniden kullanıma sokan ve otonom bölgeler üzerinde merkezi kontrolü arttırmayı savunan bir yaklaşımı ortaya koymuştur. Saakaşvili, ayrılıkçı bölgelere ilişkin sorunların çözümünde ABD ve AB'den alacağı siyasal, askeri ve ekonomik destek aracılığıyla, Rusya'nın, Gürcistan'a ilişkin denklemlerin dışına çıkarılabileceğini düşünmüştür. Bu politikası, Acaristan meselesinde işe yaramış olmasına karşın, Abhazya ile Güney Osetya'nın ortaya koyduğu ayrılıkçı eğilimlerin etkisizleştirilmesi aşamasında işe yaramamıştır. Saakaşvili'nin, ABD ve AB'nin kendisine yardım edeceğini düşünerek önce Güney Osetya daha sonra da Abhazya özelinde askeri tedbirler almaya başlaması ve ateşkes sınırlarını ihlal yönünde eylemlere girişmesi, Rusya'ya uzun süredir beklediği fırsatı vermiştir.[26] Rusya, Saakaşvili'nin kendisini Güney Kafkasya ve Gürcü siyasal denkleminden

---

[24] Mikhail Saakaşvili, 1967 Tiflis doğumludur. 1992 yılında Kiev Üniversitesi Uluslararası Hukuk Okulu'nu bitirmiş, daha sonra Colombia Üniversitesi Hukuk Okulu'nda okuduktan sonra George Washington Üniversitesi Hukuk Okulu'nda doktorasını tamamlamıştır. Bir süre New York'ta avukatlık yapan Saakaşvili, daha sonra politikaya atılmış ve 1995 yılında milletvekili olarak Gürcistan Siyaseti'ne adım atmıştır. Eduard Shevardnadze'nin partisinden milletvekili olan Saakaşvili, 2000 yılında Avrupa Konseyi Parlamenterler Asamblesi Başkan Yardımcılığı'na getirilmiştir. Ekim 2000'de Adalet Bakanı olan Saakaşvili, 2001 Eylül'ünde istifa ederek Birleşik Ulusal Hareket adı ile kendi partisini kurmuştur. Gül Devrimi ile iktidara gelen bu genç ve hırslı politikacı, 2008 yılında bir kez daha devlet başkanı seçilmiştir.

[25] Atilla Sandıklı, "Gürcistan-Rusya Gerilimi ve Türkiye" , **BİLGESAM**, Mayıs 5, 2008, (Çevrimiçi), http://www.bilgesam.com/tr/index.php?option=com_content&view=article&id=133:guercistan-rusya-gerilimi-ve-tuerkiye&catid=86:analizler-kafkaslar&Itemid=99 , 25 Mart 2011.

[26] Hasan Selim Özertem, "Rusya'nın Karadeniz ve Kafkaslar'da Güçlenen Askeri Varlığı" , **USAK Stratejik Gündem**, Ağustos 21, 2010, (Çevrimiçi), http://www.usakgundem.com , 26 Mart 2011.

dışlamaya çalışan politikalarına bir cevap verebilmek, bu ülkeyi siyasal, askeri ve ekonomik anlamda kendi nüfuzuna almak isteyen Batılıların Rusya'nın yakın çevresinde istediği gibi at koşturamayacağını göstermek ve Saakaşvili yönetimine destek veren Türkiye'ye bir mesaj vermek amacıyla Gürcistan topraklarına girmiştir. 2008 Ağustos'unda yaşanan bu askeri operasyon yalnızca 5 gün sürmüş ve Rus Ordusu Tiflis'e girmek üzereyken durmuştur.[27] Ağustos 2008'de yaşanan bu savaşın ardından Rusya'nın Güney Kafkasya genelinde ve Gürcistan özelinde ne kadar güçlü bir aktör olduğu yeniden vurgulanmış, Saakaşvili'nin kullandığı saldırgan ve milliyetçi jargonun gerçek bir siyasal ve askeri güç ile desteklenmediği sürece bir anlamının olmadığı Gürcü halkına kanıtlanmıştır. Bunların yanı sıra, Mikhail Saakaşvili iktidara geldikten sonra arkasını dayamış olduğu Avro-Atlantik Dünyası'nın gerçekte çok parçalı bir yapıya sahip olduğunu net bir şekilde görmüş, özellikle AB'nin Rusya'ya olan enerji bağımlılığı nedeniyle Rusya'yı karşısına alamayacağını anlamıştır[28]. ABD'nin Gürcistan'a siyasal ve askeri destek vermek konusundaki istekliliğine karşın, coğrafi dezavantaj ve Montrö Sözleşmesi'nin yarattığı statüko nedeniyle Karadeniz'e savaş gemilerini sokamaması, bu ülkenin genelde Karadeniz Havzası, özelde de Gürcistan'a yaklaşım ve destek konusunda aşılması gereken ciddi sorunlarının olduğunu göstermiştir. Ağustos 2008'de yaşanan savaşın ardından Rusya, Abhazya ile Güney Osetya'nın bağımsızlığını tanıyarak, bu bölgelerin Gürcistan ile bağlarını tamamen koparmıştır. BM nezdinde olmasa da Rusya ile birkaç ülke nezdinde bağımsız devlet statüsü kazanan Abhazya ile Güney Osetya askeri, siyasal ve ekonomik anlamda Rusya'ya bağımlı durumdadırlar.

Gürcistan'da iktidara gelen yönetimlerin ülkenin toprak bütünlüğüne yönelik sorunları milliyetçi, militarist ve sertlik yanlısı çözümler ile halletmek istemeleri, sorunların çözülememesine neden olmuş ve ülke ekonomisi de çok büyük bir darbe yemiştir. Mikhail Saakaşvili'yi iktidara getiren "Gül Devrimi" ile Batılı değerlere bağlı, demokratik ve çoğulcu bir sistemin inşa edileceğine inanılan Gürcistan, bugün bu hedefin oldukça uzağında yer almaktadır. Nitekim muhalefet üzerine uygulanan baskı ile demokratik ve çoğulcu bir yönetimin oluşturulması engellenmiştir.[29] Saakaşvili iktidarının en önemli destekçileri, aşırı milliyetçi kesimler ile devletin güvenlik birimleri olmuştur.[30]

---

[27] Kasım, "The August 2008..." , ss. 64-68.
[28] Tamer Çetin, "Orta Asya ve Kafkaslar'da Enerjinin Politik Ekonomisi" , **Enerji, Piyasa ve Düzenleme**, c. 1, sayı 1, 2010, ss. 76-100.
[29] Mitat Çelikpala, "Kafkasya'da Neler Oluyor?" , **KAFSAM Tartışma Metinleri**, n. 0901, Ankara, Nisan 2009, ss. 9-10.
[30] Aslan Yavuz Şir, "Savaş Sonrası Dönemde Gürcistan" , **Ortadoğu Analiz**, c. 1, Ocak 2009, ss. 64-65.

Bazı analistlere göre, Gürcistan'ın bugünkü siyasal çıkmazın içerisine sürüklenmesinin en önemli nedeni, iktidara gelen isimlerin uyguladıkları militarist ve aşırı milliyetçi politikalar değil, SSCB döneminden Gürcistan'a miras kalan siyasal yapıdır.[31] Onlara göre, SSCB döneminde Gürcistan'a bağlanmış olan Abhazya ve Güney Osetya gibi otonom bölgeler aslında hiçbir zaman Gürcistan'a bağlanmamalıydı. Zira bu bölgelerin halkları ile hâkim etnik grup olan Gürcüler arasında tarihten gelen çok ciddi anlaşmazlıklar bulunuyordu. Bu halkların oluşturulacak bir ulus devlet içerisinde bir arada yaşamaları da mümkün değildi. Sovyet döneminde oluşturulmuş sınırlar üzerinden bağımsızlığını ilan eden Gürcistan'ın, daha bağımsızlığını ilan etmesinden önce Abhazya ile Güney Osetya'da başlayan karışıklıkların en önemli nedeni de buydu. Ne var ki, ne Abhazlar ve Osetler üzerinden Gürcistan üzerindeki kontrolünü devam ettirmek isteyen Rusya, ne de yeni bağımsız devletlere özgü tarihsel mitler ve simgeler üzerinden kendi yönetimini ve toprak bütünlüğünü meşrulaştırmaya çalışan Gürcistan bu gerçeğe yeterince önem vermemişlerdir. Bu büyük sorun, geçiş ekonomilerinin doğal olarak içerisine sürüklendiği ekonomik kriz ve sosyal çöküntü ile birleşince Gürcistan'ın bugünkü sorunlu sisteminin temelleri atılmıştır.

Saakaşvili'yi iktidara getiren Gül Devrimi'nin halkı sokaklara döken en önemli istemlerinin ülke içerisindeki bu ayrıcalıklı kişiler ve zümrelerin egemenliğine son vermek ve demokratik yönetim anlayışını iktidara taşıyarak çoğulcu bir sistemi oluşturmak olduğu dikkate alındığında, Gül Devrimi'nin de başarısızlığa uğradığı söylenebilir.[32] Gürcistan'da Gamsahurdiya ve Shevardnadze dönemlerinde etkin bir şekilde işleyen ayrıcalıklara dayanan siyasal yapı ile ilgili değişen tek şeyin isimler olduğu da ortadadır. Yani, Mikhail Saakaşvili henüz sözünü tutabilmiş değildir.

2012 yılında yapılan seçimler sonucunda, Saakaşvili'nin aksine, Rusya ile daha dengeli ilişkiler kurulmasından yana olan ve servetini Rusya'da elde etmiş milyarder bir işadamı olarak bilinen Bidzina Ivanişvili'nin liderliğini yaptığı "Gürcistan Rüyası" adlı parti iktidara gelmiştir. Birçok analist tarafından Rusya yanlısı olmakla suçlanan, ancak AB ve Rusya arasında dengeyi gözetmeyi amaçlayan oldukça pragmatist bir isim olarak değerlendirebileceğimiz Ivanişvili, Saakaşvili liderliğinde somutlaşan ve katıksız bir Batı yanlılığı ve Rusya karşıtlığı üzerinden ifadesini bulan Gül Devrimi'ni sona erdirmiştir. Bidzina Ivanişvili, Gül Devrimi döneminde, Rusya ile gerilen ilişkiler nedeniyle ülkenin

---

[31] Stephen Jones, "The Role of Cultural Paradigms in Georgian Foreign Policy" , **Journal of Communist Studies and Transition Politics**, c. 19, n. 3, ss. 83-110.

[32] Pamela Jawad, "Democratic Consolidation in Georgia After The Rose Revolution" , **Peace Research Institute Frankfurt**, Report No: 73, 2005, ss. 32-37.

toprak bütünlüğüne ilişkin meselenin içinden çıkılmaz bir hal aldığının altını çizdiği ve özellikle enerji ithalatı, ihracat bağımlılığı ile Rusya'da yaşayan Gürcistan vatandaşlarının ciddi kısıtlamalar ile karşı karşıya kaldığını gördüğü için, ülkesinin, Rusya ile iyi ilişkiler içerisinde olacağını iktidara gelmeden ve geldikten sonra açıkça ifade etmiştir. Ivanişvili'nin hedefi, Gürcistan'ı, Rusya ile AB arasında bir mücadele alanı olmaktan çıkarmak ve hem ülkesinin toprak bütünlüğünü koruyabilmek hem de bölgesel ekonomik potansiyelden Gürcistan'ın yararlanabilmesini sağlayabilmektir. Bu bağlamda, Gürcistan'ın, Rusya'ya karşı söylem düzeyinde yumuşak mesajlar verdiğini ve iki ülke arasındaki siyasal gerginliğin azaldığını gözlemliyoruz. Aynı Gürcistan, AB ile yakınlaşma politikasını da sürdürmekte, Türkiye ve Azerbaycan ile birlikte kurguladığı bölgesel ittifaka bağlılığına ilişkin olarak da herhangi bir şüpheye mahal bırakmamaktadır. Bidzina Ivanişvili, siyasal/toplumsal meşruiyet anlamında şu an Gürcistan'ın en güçlü ismidir. Geniş tabanlı bir siyasal koalisyonu ifade eden Gürcistan Rüyası ise, içerisinde Saakaşvili'nin eski ortakları ve Gül Devrimi'nin eski paydaşlarını da barındıran oldukça pragmatist bir siyasal hareket olarak okunmalıdır. 2012 yılındaki parlamento seçimlerinin ardından Ivanişvili'nin başkanlığındaki Gürcistan Rüyası Partisi'nin iktidara gelmesi ile 1 yıla yakın bir süre "topal ördek" olarak betimlenen bir konuma indirgenen devlet başkanı Saakaşvili ise, 2013 yılının sonlarına doğru düzenlenen devlet başkanlığı seçimleri sonrası, "anayasa gereği" üst üste en fazla 2 dönem bu koltukta oturulabileceği kriterinin de etkisiyle koltuğunu bırakmak zorunda kalmıştır. Yapılan kamuoyu yoklamaları ve Ivanişvili'nin popülaritesi, Saakaşvili'nin aday olabilmesi durumunda dahi seçimleri kaybedeceğini gösteriyordu. Nitekim Saakaşvili'nin devlet başkanlığından ayrılması ile birlikte Gül Devrimi "resmen" sona ermiştir. Bidzina Ivanişvili, başbakanlık makamının yetkilerini arttırmak ve devlet başkanlığı koltuğunu yalnızca sembolik bir makama indirgemek için adımlar attığı için, devlet başkanlığına aday olmamış ve kendi partisinden oldukça düşük profilli bir isim olarak bilinen Giorgi Margvelaşvili'nin, Saakaşvili'den boşalan koltuğa oturmasını sağlamıştır. Margvelaşvili'nin seçimlerde elde ettiği yüksek oy oranı, esasen Ivanişvili'nin toplumsal/siyasal meşruiyetini yansıtmaktadır. Başbakanlık koltuğundan oturan Ivanişvili'nin ardından, devlet başkanlığı koltuğunun da Gürcistan Rüyası partisi üyesi Margvelaşvili'ye geçmiş olması, bundan sonraki dönemde Gürcistan'da yaşanacak gelişmelerin ve izlenecek dış politikanın tamamıyla Gürcistan Rüyası ve Bidzina Ivanişvili ile bağlantılandırılmasını sağlayacaktır.[33] AB ve Türkiye ile özellikle

[33] Göktürk Tüysüzoğlu, "Gürcistan'da Saakaşvili Dönemi Resmen Sona Erdi", **TUİC Akademi**, Ekim 30, 2013, (Çevrimiçi), http://www.tuicakademi.org/index.php/yazarlar1/95-gokturk-tuysuzoglu-tum-yazilari/4331-gurcistanda-saakasvili-donemi-resmen-sona-erdi, 2 Aralık 2013.

Gül Devrimi döneminde inşa edilen siyasal/bölgesel müttefikliğin devamından yana olduğunu her fırsatta açıklamasına karşın, Gürcistan-Rusya İlişkileri'nin yakın işbirliği yönünde yeniden kurgulanacağına işaret eden açıklamaları ve ülkesinin NATO üyesi olmak istemediğini kaydetmesi sonrası, Ivanişvili yönetimindeki Gürcistan'ın nasıl bir dış politika izleyeceği merakla beklenmektedir. Nitekim Ivanişvili'nin tercihleri, ülkesinin toprak bütünlüğünü oldukça yakından ilgilendirdiği gibi, Güney Kafkasya özelindeki Avro-Atlantik-Rusya rekabetini, doğu-batı yönlü enerji projelerinin geleceğini ve Türkiye'nin Güney Kafkasya özelindeki etkinliğini de oldukça yakından ilgilendirmektedir.

Gürcistan bugün itibarıyla 9 bölge, 1 şehir ve 2 otonom cumhuriyetten teşekkül eden bir cumhuriyettir.[34] 24 Ağustos 1995'te kabul edilen Gürcü Anayasası'na göre devlet başkanı 5 yılda bir halk tarafından seçilir ve ikinci kez seçilme hakkı vardır. 150 sandalyeli meclisin yarısı nispi temsil sistemi ile diğer yarısı da çoğunluk sistemine göre seçilir ve her birinin görev süresi 5 yıldır.[35] Bağımsızlığını elde ettiği günden bu yana Gürcistan'ın siyasal ortamının bir türlü istikrara kavuşamaması, bu küçük ülkenin ekonomisine de olumsuz olarak yansımıştır. Gürcistan Ekonomisi, Sovyet tarzı merkezi planlı anlayıştan serbest piyasa ekonomisine geçiş sürecini henüz tamamlayabilmiş değildir. Bu ülkenin en önemli yapısal dezavantajlarından biri de SSCB döneminde, ülke ekonomisinin daha çok tarım ve hayvancılığa dayalı, katma değeri yüksek olmayan, bir temele oturtulmuş olması ve özellikle sanayi alanında çok ciddi bir açığın bulunuyor olmasıdır. Gürcistan Ekonomisi'nin içerisine sürüklendiği çıkmazın en önemli nedenlerinden biri de, ülkenin ayrılıkçılık gibi siyasal boyuta haiz bir sorundan muzdarip olması ve bu sorunun ortaya koyduğu silahlı çatışmalar ve terör gibi riskler nedeniyle Gürcistan'a yeterli seviyede yabancı yatırımcının da gelmemesidir.

Gürcistan, bağımsızlığının ilk yıllarında daha çok Rusya ile ekonomik yakınlık kurmuş olsa da, ilerleyen yıllarda ülkenin Avro-Atlantik Dünyası'na ile yakınlaşması birlikte ekonomik görünümün de değişmeye başladığını görüyoruz. Bugün Gürcistan'ın dış yardım aldığı en önemli aktör ABD'dir. ABD, Özgürlükleri Destekleme Yasası çerçevesinde 1992-2008 yılları arasında bu ülkeye toplam 2 milyar dolar yardımda bulunmuş, 2008'de yaşanan Rus-Gürcü Savaşı'nın ardından ise bu ülkeye 1 milyar dolarlık insani yardım yapmıştır. ABD, özellikle altyapı yatırımları, yol yapımı ve enerji sektöründe gerekli olan yatırımların

---

[34] Abhazya ve Acaristan otonom cumhuriyetleri oluştururken, Tiflis şehir yönetimine sahiptir. Abhazya ile birlikte Gürcistan'dan tek taraflı bağımsızlığını ilan eden Güney Osetya ise SSCB dönemindeki özerklik statüsünü Gürcistan'ın bağımsızlığından sonra kaybetmiştir. Güney Osetya, Gürcistan'ın siyasal yapısında Shida Kartli adı ile anılan bir bölgedir.

[35] "World Factbook" , **CIA**, (Çevrimiçi), https://www.cia.gov/library/publications/the-world-factbook/geos/gg.html , 26 Mart 2011.

yapılması konusunda Gürcistan'a mali destekte bulunmaktadır[36]. Türkiye ve Azerbaycan ile oluşturulan doğu-batı yönlü enerji hattı ile yine Türkiye ile yapılan ticaret ve Türk işadamlarının Gürcistan'da yaptıkları yatırımlar[37] bu ülke için çok değerlidir. Gürcistan'da üretilen tarım ürünleri ve meşhur Gürcü Şarabı'nın en önemli pazarı ise Rusya'dır. Ayrıca Rusya, Gürcistan'dan çalışmak üzere ülkeye gelmiş olan çok sayıda Gürcü işçiye de ev sahipliği yapmaktadır. Bu Gürcü işçilerin Rusya içerisindeki pozisyonu Gürcistan için çok değerlidir. Zira bu işçilerin Gürcistan'daki yakınlarına gönderdikleri para Gürcistan'da çarkların dönmesini sağlamaktadır.

Gül Devrimi sonrası iktidara gelen Saakaşvili'nin en önemli artılarından biri ülkede çok yaygın olan yolsuzluk ve rüşveti biraz olsun azaltmış olması ve Gürcistan'ın serbest piyasa ekonomisine eklemlenmesi yolunda çok ciddi ekonomik reformlar gerçekleştirmiş olmasıdır.[38] Ne var ki, bu reformların etkisi henüz tam manasıyla görülebilmiş değildir. 2011 yılı itibarıyla Gürcistan'ın 11 milyar doların biraz üzerinde hesaplanan bir gayri safi milli hâsılaya sahip olduğunu görüyoruz. Ülkenin büyüme hızı, 2008-2009 küresel ekonomik krizinden çok büyük bir oranda etkilense de,[39] %5,5 olarak gerçekleşmiştir. Satın alım gücü paritesine göre kişi başına düşen gelirin 4.800 dolar olduğu Gürcistan'da işgücünün %55,6'sı tarım, %8,9'u sanayi ve %35,5'i hizmetler sektöründe istihdam edilmektedir. İşsizlik oranının %16 gibi yüksek bir rakamda seyrettiği Gürcistan'da, nüfusun %31'i yoksulluk sınırının altındadır. Enflasyon ise 2010 yılı itibarıyla %5,7'dir.[40]

### 2.2. Etnik ve Dinsel Temelde Örgütlenmiş Ayrılıkçı Bölgeler

Gürcistan, bağımsızlığını ilan ettikten sonra Zviad Gamsahurdiya önderliğinde aşırı milliyetçi bir çizgide ilerlemeye çalışmıştır. Kuşkusuz bu durum çok etnikli bir ülke için olumlu sonuçlar doğurmamış ve ülkenin siyasal yapısı hoşgörü, fikir birliği ve uzlaşma gibi kriterlere oldukça yabancı bir konuma sürüklenmiştir.[41] Bu durum, Sovyet hâkimiyetinin

---

[36] Jim Nichol, "Georgia Republic: Recent Developments and US Interests", **Congressional Research Service**, Eylül 23, 2010.
[37] "6 Şirket Gürcistan'a 2 Milyar Dolar Yatıracak Elektrik Avrupa'ya Gidecek", Mayıs 23, 2010, (Çevrimiçi), http://www.yapi.com.tr/Yazdir/Haber.aspx?HaberID=79654 , 27 Mart 2010.
[38] Vladimer Papava, "The Political Economy of Georgia's Rose Revolution", **Orbis**, Sonbahar 2006, ss. 657-667.
[39] Gürcü Ekonomisi, küresel ekonomik krizin patlamasından hemen önce 2006 ve 2007 yıllarında %10 oranında büyümüştür.
[40] "World Factbook", **CIA**, (Çevrimiçi), https://www.cia.gov/library/publications/the-world-factbook/geos/gg.html , 27 Mart 2011.
[41] Stephen F. Jones, "Georgia: The Trauma of Statehood", Ian Bremmer, Ray Taras (Der.), **New States, New Politics: Building the Post Soviet Nations**, New York, Cambridge University Press, 1997, s. 505.

yıkılmasının ardından Gürcistan'da çoğulcu bir siyasal ortamın yaratılabileceğine dair ümitleri ortadan kaldırmıştır.

### *2.2.1. Abhazya*

Abhazya Sorunu'nun temelinde, bağımsızlık sonrası Gürcistan toprakları içerisinde kalan ancak coğrafi anlamda Kuzey Kafkasya'nın devamı niteliğinde görülebilecek Abhazya Özerk Cumhuriyeti'nin, Gürcistan'dan ayrılarak bağımsız olma istekliliği göstermesi yatmaktadır.[42] Büyük bir çoğunluğu Sünni Müslüman olan Abhazlar, kendi dilleri olan Abhazca'yı konuşmaktadırlar[43]. Abhazya, Gürcistan'ın kuzeyinde Karadeniz sahili ile Kafkas Dağları arasında denize paralel uzanan bir bölgedir. Rusya Federasyonu'na bağlı Karaçay Çerkes Cumhuriyeti ile komşu olan Abhazya'nın merkezi Sohum şehridir.[44] Abhazya, 19.yüzyılda Rusya'nın Kuzey Kafkasya'da giriştiği istila hareketi esnasında Anadolu topraklarına en fazla göçmen gönderen bölgelerden biridir. Bugün Türkiye'de oldukça büyük bir Abhaz Diasporası bulunmaktadır.

Abhazya, Rusya'da gerçekleşen 1917 tarihli Bolşevik İhtilali'nin ardından Kuzey Kafkasya'da kurulan Birleşik Kafkasya Cumhuriyeti içerisinde yer almıştır. Daha sonra SSCB'nin hâkimiyetine giren Kuzey Kafkasya'da 1921 yılı itibarıyla Abhazya Sovyet Sosyalist Cumhuriyeti oluşturulmuştur. Abhazya'nın statüsü 1930 yılında yeniden değişmiş ve bölge Gürcistan Sovyet Cumhuriyeti içerisine alınarak özerk bir bölge statüsüne indirgenmiştir. Abhazya, Gürcistan'a bağlı bir özerk bölge haline getirildikten sonra, Gürcü kökenli Stalin'in de etkisiyle, Abhazya'da ciddi bir Gürcüleştirme ve Ruslaştırma faaliyetine girişildiğini görüyoruz. Özellikle 1978 yılında Gürcü Yönetimi'ne karşı girişilen geniş çaplı protesto gösterileri ve arkasından gelen Rusya Federasyonu'na bağlanma talepleri, Abhazlar ile Gürcüler arasındaki gerginliğin hangi noktaya eriştiğini göstermesi bakımından önemlidir.

SSCB'nin dağılma noktasına gelmesi ile birlikte Abhazya'daki gerginliğin daha da arttığını gözlemliyoruz. Hatta bölgedeki Abhazlar ile Gürcüler arasındaki askeri mücadele, daha SSCB dağılmadan, Mart 1989'da başlamıştır. SSCB'ye bağlı güçler olayları yatıştırmaya çalışsa da, etnik ve dinsel farklılıklar ile bezenmiş ve topyekûn sürgün ve asimilasyon politikaları ile yabancılaşmış olan Abhazların, Gürcistan'ın bağımsızlığını kazanması halinde bu ülke içerisinde yaşayamayacakları açıkça ortaya çıkmıştır. Nitekim

---

[42] Hakan Kantarcı, **"Kıskaçtaki Bölge Kafkasya"** , İstanbul, IQ Kültür Sanat Yayıncılık, 2006, s. 81.
[43] Mert, **"Türkiye'nin Kafkasya..."** , s. 52.
[44] Alâeddin Yalçınkaya, **"Kafkasya'da Siyasi Gelişmeler"** , Ankara, Lalezar Kitabevi, 2006, s. 182.

1990 yılında Abhazya Yüksek Sovyeti'nin kendi toprakları içerisinde egemenliğini ilan ettiğini görüyoruz. SSCB'nin dağılması ve Gürcistan'ın Sovyet dönemi sınırları üzerinden bağımsızlığını elde etmesi sonrası Gürcistan'da düzenlenen seçimler, Abhazlar tarafından protesto edilmiştir. Zviad Gamsahurdiya'nın kullandığı aşırı milliyetçi ve sertlik yanlısı siyasi jargonun yanı sıra Rusya'nın BDT'ye girmeyi reddeden Gürcistan'ı cezalandırma isteği içerisinde olması da Abhazya'nın ayrılıkçı istemlerini canlı tutmasında etkili olmuştur. 1992 yılında Abhazya'nın bağımsız bir cumhuriyet olarak ilan edilmesi ve bu durumu onaylayan 1925 tarihli anayasanın yürürlüğe sokulduğunun açıklanması, Gürcü Ordusu'nun Abhazya'ya saldırmasına yol açmıştır.[45] Ne var ki, Gürcistan'ın Abhazya'ya düzenlediği askeri operasyon tam bir başarısızlıkla sonuçlanmış ve Gürcü Ordusu Abhazya'yı terk etmek zorunda kalmıştır. Bunun yanı sıra Gürcü Ordusu ile birlikte bölgede yaşayan çok sayıda Gürcü de Abhazya'yı terk etmiştir. Abhazya'nın elde ettiği başarının arkasında yatan en önemli faktörler, Gürcü Yönetimi'nin kullandığı sert ve aşırı milliyetçi söylemin tüm Abhazları tek bir amaç doğrultusunda birleşmeye zorlaması ve Rusya'nın Abhazya'ya verdiği askeri ve lojistik destek olmuştur. Nitekim Gürcistan, yaşadığı bu siyasal ve askeri fiyaskonun ardından BDT'ye girmeyi kabul etmiş ve toprak bütünlüğünü koruyabilme noktasında Rusya'dan destek talep etmiştir. Bunun üzerine Rusya'nın Abhazya'ya verdiği enerji desteğini kestiğini, Abhazya-Rusya Sınırı'nı kapattığını ve Abhazya'ya denizden abluka dahi uyguladığını görüyoruz.[46] Bu tedbirler sonrası Abhazya'nın, Rusya'nın istediği koşullarda, Gürcistan ile ateşkes imzaladığını biliyoruz (1994). Böylece Rusya, Gürcülere karşı Abhazları, Abhazlara karşı da Gürcüleri kullanma yetisine kavuşmuş ve sorunun çözümünde kilit bir ülke haline gelmiştir. Zaten Rusya'nın bu konumunu bugün hala kullanmaya çalıştığını görebiliyoruz.

Rusya'nın arabuluculuğunda imzalanan ateşkes antlaşması ile Abhazya'ya kendi anayasasını yapma, parlamentoya ve hükümete sahip olma, marş ve bayrak gibi bir devletin sahip olabileceği sembolleri kullanma yetkisi tanınmıştır.[47] Rusya, Abhazya'nın gevşek bir yapı içerisinde Gürcistan'a bağlı olmasını istemiş ve böylece çıkabilecek muhtemel sorunlara müdahil olabilme şansına sahip olmuştur. Gürcistan, Rusya'nın Abhazya'nın bağımsızlığına destek vermesini engellemek için önce BDT'ye girmiş, daha sonra da Gürcistan toprakları içerisinde Rusya'nın askeri üsler açabilmesini öngören antlaşmayı kabul etmiştir. Bu antlaşmaya dayalı olarak Gürcü topraklarında 4 adet Rus askeri üssü açılmış ve bu üsler

---

[45] Kasım, **"Soğuk Savaş..."** , s. 66.
[46] Ibid. , ss. 66-67.
[47] Cahit Aslan, "Türk-Rus-Gürcü İlişkilerinin Merkezindeki Ülke: Abhazya" , **Akademik Bakış**, sayı 16, Nisan 2009, ss. 1-13.

yaklaşık 15 yıl aktif olarak çalışmıştır. Nitekim bu 4 Rus üssünden Abhazya'da yer alan *Gudauta Askeri Üssü*, Abhazya'da yer aldığı için hala aktif olarak kullanılmaktadır.[48] Rusya, bu üsteki askerlerin barışın tesisi için burada olduğunu ve bunun AGİT tarafından da kendisine verilmiş bir görev olduğunu ifade etmektedir. Ancak çok açıktır ki, bu askeri üs bugün Abhazya'nın Gürcü kuvvetlerine karşı güvenliğini sağlamak için kullanılmaktadır.

Ocak 1996'da BDT Başkanlar Konseyi'nin Abhazya'ya ekonomik yaptırımlar uygulamaya başladığını görüyoruz.[49] Bu yaptırımlar kapsamında Sohum Limanı tüm gemilere kapatılmış ve Abhazya ablukaya alınmıştır. Abhazya'nın bu dönemde Rusya'dan ekonomik yardım aldığını da biliyoruz. Rusya, kâğıt üzerinde Gürcistan'ın yanında olduğunu göstermesine karşın, Abhazya ile olan bağını asla koparmamıştır. Ekim 1999'da Abhazya'da gerçekleştirilen bir bağımsızlık referandumu ile Abhazya halkının %97,7'sinin bu kararı destekleyeceği ortaya çıkmıştır. Bunun üzerine 12 Ekim 1999'da Abhazya Cumhuriyeti'nin bağımsız devlet yasası ilan edilmiştir. Ne var ki, Abhazya, bağımsızlık talebine karşın, ortak bir devlet yapısı içerisinde Gürcistan ile birleşebileceğini de belirtmiştir. Bu ortaklık, asla özerk bir statü olmayacak, dış politika, savunma, sınır güvenliği, ekonomi ve gümrük ortaklığı ile sınırlı olacaktı.[50] BDT'nin 1996'da aldığı karar ile Abhazya üzerine uygulanan deniz ve kara ablukası, Rusya'nın Eduard Shevardnadze yönetimi ile arasının açılmasına paralel olarak 2000 sonrası dönemde gevşetilmeye başlanmıştır. Abhazya vatandaşlarının Rusya'ya giriş-çıkışı konusunda sağlanan kolaylıklar,[51] Abhazya vatandaşlarının Rus pasaportu almasına izin verilmesi, Rusya'nın Soçi şehri ile Abhazya'nın başkenti Sohum arasında demiryolu hattının işlemeye başlaması ve artan ticaret hacmi bu durumu ortaya koymaktadır. Rusya, Mart 2008'de Abhazya'ya yaptırım uygulamayı öngören 1996 tarihli BDT Sözleşmesi'nden tek taraflı olarak çekildiğini açıklamıştır.[52]

Rusya, Abhazya Meselesi'ni Tiflis üzerinde baskı yaratmak için kullanmıştır.[53] Nitekim Eduard Shevardnadze'nin iktidardan indirilmesi sonrası başkanlık koltuğuna oturan Mikhail Saakaşvili döneminde de bu baskı artarak devam etmiştir. Saakaşvili, iktidara gelir gelmez Acaristan'daki ayrılıkçı yönetimi ortadan kaldırmış ve daha sonra da topraklarından

[48] Demirtepe, **"Orta Asya..."** , s. 235.
[49] Burcu Gültekin Punsmann ve Argun Başkan, "Karadeniz'in Bütünleşmesi için Abhazya" , **ORSAM**, Rapor No: 8, Aralık 2009, s. 15.
[50] Kasım, **"Soğuk Savaş..."** , s. 68.
[51] 2000'lerin başında Rus vatandaşı olan Abhazyalıların sayısı 200 bini bulmuştu. Bu rakam Abhazya'nın nüfusunun yaklaşık olarak %70'ini ifade etmekteydi.
[52] Punsmann ve Başkan, "Karadeniz'in..." , s. 17.
[53] Dmitri Trenin, **"The End of Eurasia: Russia on the Border Between Geopolitics and Globalization"** , Washington D.C. , Carnegie Endowment for International Peace, 2002, ss. 182-183.

ve evlerinden edilen Gürcü vatandaşlarının durumunu bahane ederek Abhazya'ya siyasal baskı yapmaya başlatmıştır. Gürcistan Ordusu'nun, Saakaşvili'nin emriyle, Abhazya ile Gürcistan arasında sınır oluşturan tarafsız bir bölge olarak bilinen *Yukarı Kodor Vadisi*'ne girmesi gerginliği doruk noktasına vardırmış ve Abhazya, barış görüşmelerinden çekildiğini açıklamıştır. Saakaşvili, Nisan 2008'de gerçekleştirilen NATO Zirvesi esnasında da çatışmalar öncesindeki statükoya dönülmesini istemiştir.[54] Gerginlik, Nisan-Mayıs 2008'de daha da artmış ve Rusya, Abhazya'daki asker sayısında ciddi bir artışa gitmiştir. Gürcü yetkililerin iki ülkenin savaşa doğru gittiğine dair tespitleri Ağustos 2008 itibarıyla doğru çıkmış ve Ağustos 2008 itibarıyla iki ülke arasında sadece 5 gün süren bir savaş yaşanmıştır. Bu savaştan muzaffer şekilde ayrılan Rusya, Gürcistan'daki bölünmeyi daha da derinleştiren hamlesini gerçekleştirmiş ve Abhazya'nın bağımsızlığını tanımıştır. Bu tanıma Gürcistan, ABD, AB ve BM tarafından kabul edilmemiş olmasına karşın, bugün Abhazya'da bağımsız bir devlet vardır ve bu devletin en önemli destekçisi Rusya'dır. Rusya'nın dışında Venezüella, Nikaragua ve Nauru da Abhazya'yı bağımsız bir devlet olarak tanıyan diğer ülkelerdir.[55]

Gürcistan, hem Abhazya'ya hem de onunla birlikte hareket eden Güney Osetya'ya yönelik bir yol haritası oluşturarak bu bölgeleri yeniden kendisine bağlayabilmenin ve Rusya'nın Gürcistan üzerindeki vesayetini silebilmenin peşindedir. *"İşgal Altındaki Topraklara Yönelik Devlet Stratejisi"* başlığını taşıyan bir çalışma ile daha çok ekonomi, eğitim, sağlık ve kültürel boyutlara vurgu yapan ve tüm Gürcistan vatandaşlarına (Abhazlar ve Osetler dâhil) eşit vatandaşlık hakları tanımak ana hedefini ortaya atan bu stratejinin en önemli yönü, Abhazya ve Güney Osetya'daki yönetimlerden "kukla yönetimler" veya "vekil yönetimler" olarak bahsedilmesinden vazgeçilmesi ve bu kullanımların yerine *"Abhazya ve Güney Osetya Bölgeleri'nin Yönetimini Kontrol Eden Bölgeler"* ifadesinin kullanılmasıdır.[56] Tek taraflı bağımsızlığını ilan eden Abhazya'nın bağımsızlığının tanınması; ABD, İngiltere, Türkiye, vb. ülkelerin desteği ile bağımsız olan Kosova'nın bağımsızlığına karşı Rusya tarafından verilmiş bir cevap olmuştur.[57]

---

[54] Kasım, **"Soğuk Savaş..."** , s. 69.
[55] Fehim Taştekin, "Küllerinden Doğan Canlar Ülkesi Abhazya" , **Karadeniz Araştırmaları**, (Çevrimiçi), http://www.karam.org.tr/Makaleler/1502371125_tastekin.pdf , 29 Mart 2010.
[56] Mitat Çelikpala, "Gürcistan'ın Yeni Abhazya-Güney Osetya Açılımı" , **KAFSAM**, Politika Notu 1001, 7 Ocak 2010.
[57] Heiko Krueger, "Implications of Kosovo, Abkhazia and South Ossetia For International Law" , **Caucasian Review of International Affairs**, c. 3, n. 2, Bahar 2009, ss. 121-142.

### 2.2.2. Güney Osetya

Kafkas Sıradağları'nın kuzey ve güney yamaçlarında yaşamakta olan Osetler, Hint-Avrupa ırkına mensup İran kökenli bir halk olarak bilinmektedir.[58] Osetler'in yaşadıkları topraklar kuzey ve güney olarak 2'ye ayrılmış olup farklı ülkelerin sınırları içerisinde yer almaktadır. Daha büyük bir alana sahip olan Kuzey Osetya, Rusya'ya bağlı bir toprak parçasını ifade ederken, Güney Osetya, Gürcistan toprakları içerisinde yer almaktadır. Osetya topraklarının güney ve kuzey olarak 2'ye bölünmesinin ve bugünkü Güney Osetya Sorunu'nun ortaya çıkmasının en önemli nedeni, Rusya'nın 19. yüzyıldan itibaren Gürcistan ile kurduğu ilişkilerin değişken mahiyeti olmuştur. 19. yüzyılda Rus Çarlığı'nın Kafkasya'nın genelinde sürdürdüğü hâkimiyet mücadelesi esnasında bölgede daha rahat hareket edebilmek ve Rusya'nın güneyini sağlama almak amacıyla Osetya topraklarını bölmesi ve Güney Osetya'yı Gürcülerin kontrolüne bırakması sorunun başlangıç noktasını oluşturmaktadır.[59] Zira bu bölünmüşlüğün SSCB döneminde de sürdürüldüğünü görüyoruz. Güney Osetya, 1922 yılında "özerk bölge" statüsüne haiz olarak Gürcistan Sovyet Cumhuriyeti'ne bağlanmış, Kuzey Osetya ise yine "özerk bölge" statüsüne sahip olarak Rusya Federasyonu'na bağlandıktan sonra 1936 yılında "özerk cumhuriyet" statüsüne yükseltilmiştir.[60] Gürcistan'da kalan Osetlerin, 1917 Bolşevik Devrimi esnasında Menşevik Gürcü Yönetimi'ne destek vermektense Bolşeviklere destek vermesi, iki taraf arasında yaşanan çatışmaların başlangıcını oluşturmaktadır. SSCB'nin dağılmanın eşiğine geldiği dönemde, Güney ve Kuzey Osetya'nın birleştirilmesi amacıyla siyasal faaliyetler geliştirilmeye başlanmıştır. 1989 yılında *Alan Çoçiev* adlı bir Güney Osetyalı tarafından kurulan *Ademon Nıhas*[61] adlı örgüt Güney ve Kuzey Osetya'nın birleştirilerek SSCB içerisinde bir birlik cumhuriyeti haline getirilmesi gerektiğini savunmaya başlamıştır. Gürcistan ile sorun yaşayan Abhazya ise, Güney Osetya'nın en önemli müttefiki konumuna gelmiştir. Güney Osetya'nın Gürcistan'ın toprak bütünlüğünü zedeleyici hedefler ortaya atması, Gürcistan'ın karşı tedbirler almak konusunda harekete geçmesine neden olmuştur. Aralık 1990'da Güney Osetya'nın özerk bölge olduğuna dair hukuksal düzenleme ortadan kaldırılmış, buna karşılık Osetlerin, Güney Osetya Parlamentosu'nu kurabilmek için seçim yapma kararı almasının ardından, 1991 yılı başından itibaren, Gürcü Ordusu Güney Osetya'ya girmiş ve bölgenin başkenti Tshinvali'yi işgal etme

---

[58] Tavkul, "Kafkasya İçin...", s. 197.

[59] Mitat Çelikpala, "Kuzey Kafkasya'da Anlaşmazlıklar, Çatışmalar ve Türkiye", Mustafa Aydın ve Çağrı Erhan (Der.), **Beş Deniz Havzasında Türkiye**, Ankara, Siyasal Kitabevi, 2006, s. 89.

[60] Kantarcı, **"Kıskaçtaki Bölge..."**, s. 88.

[61] Ademon Nıhas, Güney Osetya Halk Cephesi Örgütü anlamına gelmektedir.

girişiminde bulunmuştur.[62] Çatışmaların başlamasının ardından ise bölgeden Rusya topraklarına ve Gürcistan'ın diğer bölgelerine çok büyük bir göç hareketi başlamış, bölgedeki Gürcüler Gürcistan'ın diğer bölgelerine kaçarken, Osetler de Kuzey Osetya'ya sığınmışlardır. Sonuçta, Rusya'nın araya girmesi ile 1992 yılında çatışmalar son bulmuş ve bölgeye Rus, Gürcü ve Osetya askerlerinden oluşan bir barış gücü yerleştirilmiştir. Ancak çatışmaların son bulmuş olması, Güney Osetyalıların bağımsızlık istemlerinde herhangi bir azalmaya neden olmamış ve aynı yıl içerisinde düzenlenen bir referandum sonrası bağımsızlık düşüncesinin topumun tüm katmanlarına yayılmış olduğu görülmüştür. Güney Osetya'nın ekonomik durumunun çok kötü olması ve özellikle elektrik ve doğalgaz gibi enerji kaynakları konusunda Rusya'ya bağımlı olunması gibi sebepler,[63] Güney Osetya içerisinde Kuzey Osetya ile birleşerek Rusya içerisinde özerk bir cumhuriyet olabilme düşüncesinin de taraftar bulmasına yol açmaktadır. Zira ne Güney Osetya'nın, ne de onunla benzer özelliklere sahip olan Abhazya'nın, mevcut nüfusları ve ekonomik yapıları itibarıyla bağımsız birer devlet olarak yaşamlarını sürdürebilmeleri oldukça güçtür.

Güney Osetya Sorunu'nun çözülebilmesi amacıyla 1996 yılında Moskova'da düzenlenen görüşmeler sonrasında, taraflar, ekonomik ilişkilerin kurulması ve geliştirilmesi ve çatışmaların barışçı yollardan çözülmesi konusunda ortak bir irade beyanı ortaya koymalarına karşın, geçen zaman içerisinde bu konuda herhangi bir gelişme yaşanmış değildir. Gürcistan, 1999 yılında Güney Osetya'da gerçekleştirilen parlamento seçimlerini tanımamış ve Aralık 2001'de Güney Osetya'da düzenlenen cumhurbaşkanlığı seçimlerini de yasadışı bir siyasal eylem olarak görmüştür.[64] Bu arada Rusya'nın, Gürcistan ile ilişkilerinin gerginleşmesi, bu ülkenin Gürcistan içerisindeki ayrılıkçı bölgelere olan yaklaşımını da değiştirmiştir. Rusya'nın, Aralık 2000'de Gürcistan vatandaşlarına vize uygulaması başlatırken, Abhazya ve Güney Osetya vatandaşlarını bu uygulamanın dışında tutuşu, bu duruma güzel bir örnek oluşturmaktadır.[65]

Mikhail Saakaşvili'nin iktidara gelmesinin ardından, tıpkı Abhazya konusunda olduğu gibi, Güney Osetya konusunda da ortam giderek ısınmıştır. Saakaşvili, Temmuz 2005'te Güney Osetya Sorunu'nun çözümüne yönelik bir yol haritası ortaya koymasına karşın, planın daha çok ekonomik ve sosyal tedbirleri içermesi ve Güney Osetya'nın siyasal taleplerine cevap vermemesi nedeniyle, yol haritası üzerinde herhangi bir görüşme

---

[62] Karabayram, **"Rusya Federasyonu'nun..."** , s. 185.
[63] Kantarcı, **"Kıskaçtaki Bölge..."** , s. 89.
[64] Demir, **"Türk Dış..."** , ss. 192-193.
[65] Mert, **"Türkiye'nin Kafkasya..."** , ss. 64-65.

gerçekleştirilememiştir. Üstelik Güney Osetya, Gürcistan'a karşı, Abhazya ile karşılıklı yardım antlaşması imzalamış[66] ve Rusya'ya siyasal ve askeri manada daha da bağlanmıştır.

Gürcü Yönetimi, Abhazya ile Güney Osetya Sorunları'nın çözümü için Rusya'nın yeni bir müzakere çerçevesi oluşturmasını, Gürcistan toprakları içerisindeki barışı koruma birliklerinin yapısının değiştirilmesini ve Abhazya ile Güney Osetya'ya Rusya'dan silah, mühimmat ve ekonomik yardım gönderilmemesini talep etmiştir. Fakat Rusya, bu taleplere cevap vermeyince gerginlik kontrolden çıkmış ve Gürcü Ordusu'nun Ağustos 2008'de Tshinvali üzerine yürümesi ve Rusya'nın da barışı koruma misyonuna vurguda bulunarak Güney Osetya lehinde askeri müdahalede bulunması ile 5 gün süren Rusya-Gürcistan Savaşı yaşanmıştır. Bu savaş sonrasında Rusya, Abhazya'nın yanı sıra Güney Osetya'nın da bağımsızlığını tanımış ve Güney Osetya ile diplomatik münasebetler kurarak Gürcistan'daki siyasal karmaşayı daha da derinleştirmiştir. Bugün Güney Osetya, tıpkı Abhazya gibi, BM, ABD, AB, Çin, vb. aktörler tarafından tanınmayan ve Rusya'nın askeri, siyasi ve ekonomik desteğine bağımlı bir siyasal varlık statüsündedir.

### *2.2.3. Acaristan*

Acaristan, Gürcistan'a bağlı, Karadeniz sahilinde ve Türkiye sınırında yer alan bir coğrafi bölgeyi ifade etmektedir. Merkezi Batum olan Acaristan halkının önemli bir bölümünü Müslüman Gürcüler oluşturmaktadır. Öyle ki, Acaristan halkının etnik dağılımına göz gezdirdiğimizde nüfusun %80'ini Müslüman Gürcülerin, %10'unu Rus kökenlilerin, %5'ini ise Ermenilerin oluşturduğunu görüyoruz.[67] Batum'da Müslüman Gürcülerin sayısı gün geçtikçe azalmasına karşın, özellikle kırsal kesimde önemli bir Müslüman Gürcü çoğunluğu yaşamaktadır.

Acaristan, 17. yüzyılın başlarından 1877-1878 Osmanlı Rus Savaşı'na kadar Osmanlı'nın hâkimiyetinde kalmıştır. 1877-1878 Savaşı ile Rus kontrolü altına giren bölge, I. Dünya Savaşı içerisinde, 1917 yılında gerçekleşen Bolşevik İhtilali sonrası Rusya'nın savaştan çekilmesi ile yeniden Osmanlı'ya bağlanmıştır. Osmanlı'nın I. Dünya Savaşı'ndan mağlup ayrılması ve Mondros Mütarekesi'nin imzalanması ile İngiliz kontrolüne giren Acaristan, 1921 yılında Türk Ordusu'nun eline geçmiş olmasına karşın, TBMM Hükümeti'nin SSCB ile uzlaşması sonucu 16 Mart 1921 Moskova ve 13 Ekim 1921 Kars Antlaşmaları neticesinde Gürcistan Sovyet Cumhuriyeti'ne bırakılmıştır.

---

[66] Kasım, **"Soğuk Savaş..."** , s. 71.
[67] Kantarcı, **"Kıskaçtaki Bölge..."** , s. 84.

13 Ekim 1921 tarihli Kars Antlaşması'nın 6. maddesi, Batum Limanı ve çevresinde yaşayan halkın kültürel ve dinsel haklarının tanınması ve isteklerine uygun tarım toprakları rejimi oluşturulabilmesi noktasında geniş çaplı bir idari özerkliğe sahip olabileceklerini belirtmektedir.[68] Acaralar, etnik anlamda Gürcü olmalarına karşın ağırlıklı olarak Müslüman oldukları için, Türkiye'nin de çabalarıyla, daha 1921 yılında özerk bir siyasal yapıya kavuşmuşlardı. Bu nedenle Acaraların, daha sonraki dönemlerde de İslam'ı kimliklerinin en önemli bileşeni olarak kabul ettiklerini görüyoruz. Acaralara göre, etnik kimlik dini kimlikten sonra gelmektedir.

Acaristan, 1937 yılında Gürcistan Sovyet Cumhuriyeti'ne bağlı bir özerk cumhuriyet statüsüne kavuşmuştur. SSCB'nin dağılması sonrasında ise, Abhazya ve Güney Osetya'daki kanlı çatışmalar ve büyük çaplı göç hareketlerinin aksine, Acaristan'da herhangi bir olay yaşanmamıştır. Hatta Acaristan Özerk Cumhuriyeti'nin Başkanı Aslan Abaşidze'nin milliyetçi söylemlere yaslanan Gürcistan Devlet Başkanı Zviad Gamsahurdiya'ya destek verdiğini ve Gamsahurdiya'nın liderliğini yaptığı "Yuvarlak Masa Gürcistan" hareketinin Acaristan'da yayılması için uğraş verdiğini görüyoruz.[69] Abaşidze'nin bu politikası, tıpkı Abhazlar ve Osetler gibi Gürcistan'dan ayrılarak bağımsız olmak isteyen Acaraların bu taleplerinin önüne geçmiştir. Gamsahurdiya'nın devrilmesi ve yerine Eduard Shevardnadze'nin geçmesi sonrasında Aslan Abaşidze'nin Gürcistan merkezi yönetimi ile ilişkilerini dengeli bir çizgiye oturtmaya çalıştığını, aynı zamanda da Acaristan'ın özerk yapısını güçlendirmeye çalıştığını görüyoruz. Hatta Abaşidze'nin Sarp Sınır Kapısı ve Batum Limanı'ndan elde ettiği vergi gelirleri üzerinden merkezi yönetime pay vermek istemediğini ve buna sebep olarak da merkezi yönetimin Acaristan'ın kalkınması için gerekli olan altyapı yatırımlarını gerektiği şekilde yapamayacak olmasını gösterdiğini de biliyoruz. Acaristan'ın Türkiye sınırında yer alması bu bölgenin ekonomik anlamda ayakta kalmasını sağlayan en önemli faktörlerden biri olmuştur.[70] Acaristan ile merkezi Gürcü Yönetimi arasındaki ilk büyük kriz 1995 yılında yaşanmıştır. Gürcistan'da 1995 yılında düzenlenen seçimler sonrasında Aslan Abaşidze'nin liderliğini yaptığı parti 31 milletvekilliği elde etmiş ve Eduard Shevardnadze'nin partisi ile koalisyon oluşturmuştur. Ne var ki, Shevardnadze'nin partisinin Batum'un serbest bölge olmasına karşı çıkması, koalisyonun bozulmasına yol açmıştır. Bu durum Abaşidze'nin Shevardnadze'ye olan güveninin sarsılmasına yol açmış ve onun Rusya ile daha yakın işbirliği içerisine girmesine neden olmuştur. Abaşidze, Gürcü Yönetimi'nin

---

[68] Kasım, **"Soğuk Savaş..."** , s. 73.
[69] Elnur Cemilli, **"ABD'nin Güney Kafkasya Politikası"** , İstanbul, IQ Kültür Sanat Yayıncılık, 2007, s. 130.
[70] Ibid.

baskılarına karşın, Batum'da bulunan Rus askeri üslerinin boşaltılmasına karşı çıkmıştır. Zira Abaşidze de biliyordu ki, bu askeri üsler Acaristan'ın özerkliğinin arkasındaki en önemli itici güçlerden biriydi. Aynı zamanda bu üsler sayesinde bölgede ciddi bir ekonomik canlılık da yaşanıyordu. Acaristan, 1991 sonrasında Türkiye ile geliştirdiği sınır ticareti sayesinde ekonomisine önemli bir girdi sağlamış olmasına karşın,[71] yine de, bölgede bulunan askeri üslerdeki Rus askerlerinin ve onların ailelerinin yaratacakları ekonomik katkıya da ihtiyacı vardı. Aslında Abaşidze, Rusya'nın askeri ve siyasal desteğini hem kendi koltuğunu korumak, hem de Acaristan'ın Gürcistan içerisinde daha bağımsız hareket edebilmesini sağlamak için de kullanıyordu.

1995'teki koalisyon krizi sonrası merkezi yönetim ile Acaristan'daki otonominin niteliği konusunda ciddi sorunlar yaşamaya başlayan Aslan Abaşidze, Abhazya ve Güney Osetya'nın yolundan gitmeyi tercih etmemiştir. Acaristan'da farklı bir görünümün ortaya konmasının en önemli nedeni ise, Acaraların etnik anlamda Gürcü olmaları ve özellikle Türkiye'nin, Gürcistan'ın toprak bütünlüğüne yaptığı vurgu nedeniyle, Acara Yönetimi içerisindeki ayrılıkçı istemlere destek vermemesidir. Gürcistan'da yaşanan Gül Devrimi neticesinde, Rusya ve Batı Dünyası arasında dengeleri gözetmeye çalışan Shevardnadze'nin yerine, Batı yanlısı Saakaşvili'nin gelmesi sonrası Acaristan meselesi daha da alevlenmiştir. Aslan Abaşidze, Saakaşvili'nin uygulamak istediği aşırı merkeziyetçi politikalara karşı çıktığı ve Acaristan'ın otonom yapısını korumak istediği için Saakaşvili'nin hedef tahtası haline gelmiştir. Nitekim Abaşidze, Saakaşvili'nin iktidara gelmesinden kısa bir süre sonra Gürcü Yönetimi'nin kendisini devirmeye çalıştığını açıklamıştır. Acaristan Yönetimi, Saakaşvili'nin siyasal baskısından biraz olsun sıyrılabilmek için Tiflis'e gönderdiği vergi miktarında dramatik bir artışa gitmiştir. Ne var ki, bu eylem de sorunların çözümünde etkili olamamış ve ikili ilişkiler karşılıklı açıklamalar ve eylemler ile daha da gergin hale gelmiştir. Nitekim Acaristan Yönetimi'nin, Saakaşvili'yi Batum'a sokmaması sonucu Tiflis, Acaristan'a ambargo uygulamaya başlamış ve Acaristan sınırına askeri yığınak yapılmıştır. Mart 2004'te Saakaşvili ile Abaşidze arasında Batum'da gerçekleştirilmiş olan toplantı neticesinde hava biraz yumuşasa da Nisan-Mayıs 2004'te Acaristan'da geniş çaplı gösteriler düzenlenmiş, Gürcistan ile Acaristan'ı birbirine bağlayan köprülerin Acaralı milislerce yıkılması üzerine Saakaşvili, Acaristan'daki milis güçlerinin silahsızlandırılması için Abaşidze'ye 10 günlük bir müddet tanımıştır. Tam da bu noktada Rusya'nın devreye girdiğini ve Rusya Güvenlik Konseyi Sekreteri *Sergei Ivanov*'un Batum'a gelerek Abaşidze ile görüştüğünü görüyoruz. Bu

[71] Yalçınkaya, **"Kafkasya'da..."** , s. 199.

görüşmenin ardından Ivanov, Aslan Abaşidze'yi de yanına alarak Rusya'ya dönmüştür. Abaşidze'nin Moskova'ya sığınması sonrasında Saakaşvili, Gürcü Ordusu ile birlikte Acaristan topraklarına girmiştir.[72] Aslan Abaşidze'nin Moskova'ya kaçması ve Gürcü Ordusu'nun özerk bir cumhuriyet statüsüne haiz olan Acaristan topraklarına girmesinin ardından, Gürcü Yönetimi, Acaristan Özerk Cumhuriyeti'nin otonomi haklarının büyük bir çoğunluğunu elinden almıştır.

Acaristan Sorunu'nun Gürcistan lehine çözülmüş olması, Gül Devrimi sonrası iktidara gelmiş olan Saakaşvili'nin ülke içerisindeki popülaritesini arttırmış ve Abhazya ile Güney Osetya'daki ayrılıkçı hareketlere bir mesaj olarak algılanmıştır. Saakaşvili, Acaristan'da elde ettiği başarının ardından Abhazya ve Güney Osetya sorunlarını da aynı şekilde çözebileceğini düşünmüş ve Aslan Abaşidze'ye karşı uyguladığı tırmandırma stratejisini bu bölgelerde de uygulamaya koymuştur. Ne var ki, Acaristan'da başarılı olan bu strateji Abhazya ve Güney Osetya'da aynı başarıyı gösterememiştir. Zira Rusya, Gürcistan'daki değişimin kendi lehine olmadığını algılayarak Acaristan sorununda gösterdiği edilgen tutumu değiştirmiştir.

Saakaşvili'nin bölgede kontrolü ele almasından sonra uygulanmaya başlanan dinsel ve kültürel baskı ve bu baskının bir süre sonra bölgenin Hıristiyanlaştırılması yönündeki girişimlerle desteklenmesi, Türkiye'de huzursuzluk yaratmıştır. Acaristan bayrağına haç konması ve din değiştirmelerin özendirilmesi gibi uygulamalar[73] Türkiye'yi huzursuz eden eylemlerden bazılarıdır.

## 3. Gürcistan Dış Politikası'nın Temel Parametreleri

### 3.1. Gürcistan'ın Güney Kafkas Cumhuriyetleri ile İlişkileri

Gürcistan'ın dış politika anlamında önem vermesi gereken en temel unsur, kendisi ile aynı bölgede yer alan ve tarihsel süreç bağlamında bir arada yaşadığı komşuları ile kuracağı ikili ilişkilerdir. Gürcistan-Azerbaycan İlişkileri'ne göz gezdirdiğimizde, iki ülke ilişkilerine sorunların değil fırsatların ve ortaklıkların hâkim olduğunu ve Gürcistan'ın Azerbaycan için ciddi bir müttefik konumuna geldiğini görürüz. Gürcistan, Azerbaycan'ın enerji kaynaklarının Batı'ya ulaştırılması konusunda, bu ülke ile Türkiye ve Karadeniz arasında transit ülke haline gelmiştir. Bakü-Tiflis-Ceyhan Ham Petrol Boru Hattı, Bakü-Tiflis-Erzurum Doğalgaz Boru

---

[72] Mert, **"Türkiye'nin Kafkasya..."** , ss. 58-59.
[73] Naciye Saraç, "Acara'da Hıristiyanlığı Yayma Çabaları Sürüyor" , **Diplomatik Gözlem**, (Çevrimiçi), http://www.diplomatikgozlem.com/haber_oku.asp?id=2871 , 2 Nisan 2011.

Hattı ve Bakü-Supsa Ham Petrol Boru Hattı bu durumu net bir biçimde özetlemektedir.[74] Gürcistan, Güney Kafkasya'da Türkiye ile Azerbaycan arasında kurulmak istenen enerji ve ticaret köprüsünün doğal bir bileşeni olarak, her iki ülke tarafından da önemsenmektedir. Zira Güney Kafkasya'nın coğrafi yapısı ve hem Türkiye hem de Azerbaycan'ın Ermenistan ile çok ciddi siyasal sorunlar yaşıyor oluşu, projelendirilecek enerji nakil hatları ve ticaret yolları konusunda Gürcistan'ı mecburi istikamet haline sokmaktadır. Güney Kafkasya'daki ikili gruplaşma Türkiye, Gürcistan ve Azerbaycan'ı aynı potada birleşmeye zorlarken; Ermenistan ise Rusya ve bir nebze de olsa İran kartına oynamak zorunda kalmaktadır.[75]

Karadeniz Ekonomik İşbirliği Teşkilatı (KEİT) ve GUAM gibi örgütler, Gürcistan ve Azerbaycan'ın organizasyonel manada müttefiklik ilişkisi içerisinde olduğu iki iyi örnek konumundadır.[76] Gürcistan, Dağlık Karabağ Meselesi'nde Azerbaycan'ın tezlerine yakın durmakta ve Azerbaycan'ın toprak bütünlüğüne vurgu yapmaktadır. Zira Gürcistan'ın Abhazya ve Güney Osetya'da yaşadığı sorunlar ile Azerbaycan'ın Dağlık Karabağ Meselesi, iki ülkeyi aynı paydada buluşturmuştur.[77]

İki ülke arasındaki en önemli sorun ise Gürcistan nüfusunun %6,5'ini oluşturan Azeriler konusunda yaşanmaktadır. Gürcistan, bağımsızlık sonrası ülke içerisindeki azınlık gruplarına uygulamaya başladığı baskı ve şiddet politikasını Azerilere de yansıtmakta ve onların siyasal ve ekonomik anlamda kendilerini ifade etmelerini engellemeye çalışmaktadır. Bunun yanı sıra, Azerilerin yoğun olarak yaşadıkları bölgelerde yoğun bir Gürcüleştirme politikası uygulanmakta ve Gürcistan vatandaşı Azerilerin Gürcistan'dan göç etmelerini sağlayacak tedbirler alınmaktadır. Gürcistan'da, Azeri kökenlilerin yoğun olarak yaşadıkları *Borçalı* bölgesinin Gürcistan'ın işsizlik oranı en yüksek ve en fakir bölgesi olması, Gürcistan'ın, Azerileri göçe zorlamaya çalışan tutumuna bir örnek olarak gösterilebilir. Gürcistan'da artık toplumsal bir histeri haline gelmiş olan milliyetçilik dalgası Azerilerin sorunlarının çözülmesi girişimlerinin önünde bir duvar gibi yükselmektedir.

Gürcistan-Ermenistan İlişkileri, Gürcistan-Azerbaycan İlişkileri'ne oranla çok daha geri planda kalmıştır. Bu durumun ortaya çıkmasının en önemli nedenleri, Ermenistan'ın

---

[74] Zeyno Baran, "The Baku-Tbilisi-Ceyhan Pipeline: Implications for Turkey" , **The Baku-Tbilisi-Ceyhan Pipeline: Oil Window to the West**, Frederick Starr ve Svante E. Cornell (Der.), Washington, Central Asia&Caucasus Institute, 2005, ss. 103-118.

[75] Reha Yılmaz, "Türkiye-Azerbaycan İlişkileri'nde Son Dönem" , **Bilge Strateji**, c. 1, sayı 2, 2010, s. 4.

[76] Vladimer Papava, "On the Role of the Caucasian Tandem in GUAM" , **Central Asia and the Caucasus**, no. 3-4 (51-52), 2008, ss. 47-55.

[77] Kasım, **"Soğuk Savaş..."** , s. 83.

Rusya'ya olan siyasal, askeri ve ekonomik bağımlılığı nedeniyle her zaman Rusya'nın yanında yer alması, Ermenistan'ın, Gürcistan'ı Azerbaycan ve Türkiye ile işbirliği yaparak bölgede kendisinin izole edilmesi çabalarına katkı sunmakla suçlaması ve Ermenistan'ın Dağlık Karabağ konusunda bir emsal oluşturabileceği düşüncesiyle Abhazya ve Güney Osetya'da ortaya konan ayrılıkçı hareketlere sıcak bakmasıdır. Bu sebeplerin yanı sıra, Gürcistan'ın güneyinde, Türkiye-Ermenistan Sınırı'na yakın bir bölge olan *Cevaheti*'de yaşayan Ermeni kökenli Gürcistan vatandaşlarının yarattığı sorunlar da Gürcü-Ermeni İlişkileri'nin gerginleşmesine neden olmaktadır.

Cevaheti Bölgesi, tarih boyunca Gürcüler, Ermeniler ve Türkler arasında bir paylaşım mücadelesine sahne olmuştur. 16. yüzyılda Osmanlı'nın eline geçen bu topraklar, 1829 yılında yapılan Edirne Antlaşması sonrası Rus Çarlığı'nın kontrolü altına girmiştir. Ruslar, Gürcistan'ın güneyinde yer alan bu bölgeye yoğun bir Ermeni nüfusu yerleştirmiş, ancak SSCB döneminde bölgeyi Gürcistan Sovyet Cumhuriyeti'ne bağlamışlardır. Bölgede Gürcü ve Ermenilerin dışında *Ahıska Türkleri* de yaşıyor olmasına karşın, 1944 yılında, Stalin tarafından gerçekleştirilen sürgün sonrasında Cevaheti ve *Mesheti* vilayetlerinden yaklaşık 115 bin Ahıska Türkü Orta Asya'ya sürülerek[78] topraklarına ve evlerine ağırlıklı olarak Ermeniler yerleştirilmiştir. SSCB'nin dağılması sonrasında Gürcistan toprakları içerisinde kalmaya devam etmiş olan bölgede bugün 300 binin üzerinde Ermeni kökenli Gürcistan vatandaşının yaşadığı belirtilmektedir.[79] Özellikle *Ahılkelek* ve *Ahalçik* çevresinde çok kalabalık bir Ermeni nüfusu bulunmaktadır. Bazı Kafkasya uzmanlarına göre Cevaheti Bölgesi, Gürcistan'dan daha çok Ermenistan'a bağlı bir bölgeyi andırmaktadır.[80] Gürcü Yönetimi, Ermenistan ile Azerbaycan arasında krize neden olan Dağlık Karabağ Sorunu'na benzer bir durumu kendi toprakları içerisinde yaşamamak ve Abhazya, Güney Osetya ile Acaristan'ın ardından bir de bu bölgede ortaya çıkacak ayrılıkçı hareketlerle uğraşmamak için bölgeye geniş çaplı sosyal ve ekonomik ayrıcalıklar tanımıştır. Bölgedeki okullarda Ermeni tarihi okutulmakta, kendi dillerinde eğitim yapmalarına onay verilmekte ve bölgede yaşayan Gürcistan vatandaşı Ermenilerin üniversite eğitimi için Ermenistan'a gitmelerine izin verilmektedir. Durum o kadar ileri seviyelere gitmiştir ki, bölgede Gürcü para birimi *(lari)* yerine Ermeni ve Rus para birimleri geçerli hale gelmiştir. Cevaheti Bölgesi'ndeki Ermenilerin, tıpkı anavatanları Ermenistan gibi, Rusya ile çok yakın siyasi, kültürel ve

---

[78] Kantarcı, **"Kıskaçtaki Bölge..."** , s. 91.
[79] Yalçınkaya, **"Kafkasya'da..."** , s. 214.
[80] Svante E. Cornell, **"Small Nations and Great Powers: A Study of Ethnopolitical Conflict in the Caucasus"** , Surrey, Curzon Press, 2001, s. 181.

ekonomik ilişkileri bulunmaktadır. Cevaheti Ermenileri'nin önemli bir kısmı çalışmak için Rusya'ya gitmektedir. Bunun yanı sıra, Gürcistan ile Rusya arasında varılan antlaşma gereği 1995 yılında Ahılkelek'te açılmış olan Rus askeri üssü, bölgedeki Ermeniler için önemli bir gelir kaynağı haline gelmiş, Rusya'nın bölgeye gönderdiği askerlerin önemli bir bölümü de Ermeni kökenli Rus askerleri olagelmiştir. Bu nedenle Rusya'nın bölge halkı üzerinde çok büyük bir nüfuzu bulunmaktadır. Rusya ile Gürcistan arasında 1999 yılında İstanbul'da düzenlenen AGİT Zirvesi esnasında yapılan anlaşma gereğince kapatılması gereken 4 adet Rus askeri üssünden[81] kapatılması noktasında en büyük sıkıntının ve gecikmenin yaşandığı üs de Ahılkelek Üssü olmuştur.[82]

Ermenistan'ın doğudan ve batıdan Azerbaycan ve Türkiye ile sarılmış olması ve bu ülkeler ile olan sınırların da kapalı olması, Gürcistan'ı, Ermenistan için çok değerli bir ülke haline getirmektedir. Gürcistan'da yaşanacak her türlü gelişme, Ermenistan'ın ticari ilişkilerine etkide bulunmaktadır. Son dönemde, Gürcistan'ın, Rusya'dan gelerek Ermenistan'a ulaşan doğalgaz boru hattını özelleştirme düşüncesi içerisine girmesi ve Azerbaycan'ın bu özelleştirme girişimi ile ilgilendiğine dair haberlerin ortaya çıkması, Ermeni yetkililerin telaşlanmasına ve Gürcistan'a baskıda bulunmalarına neden olmuştur.[83] Zira bu boru hattı, Ermenistan'ın ayakta kalabilmesi için hayati bir önem taşımaktadır ve Ermeniler, bu enerji hattını bir ulusal güvenlik meselesi olarak algılamaktadırlar.

### 3.2. Gürcistan-ABD İlişkileri

ABD, Rusya'nın bölgeyi yeniden siyasi-askeri kontrolü altına almasını önlemek, İran'ı kontrol altında tutmak, Hazar-Kafkasya Bölgesi'nde yer alan enerji kaynaklarının işletmesinde ve ulaştırmasında etkin bir rol üstlenmek ve bölge cumhuriyetlerinde Batı'nın güvenlik, demokrasi ve ekonomi anlayışını hâkim kılabilmek hedeflerini gütmektedir.[84] Türkiye'nin Hazar-Kafkasya Bölgesi'ndeki faaliyetlerini koordine etmek ve gözetim altında bulundurmak da ABD'nin bölgeye yönelik dış politika stratejilerini etkileyen faktörlerden biri

---

[81] Natalie Sabanadze, "Armenian Minority in Georgia: Defusing Interethnic Tension", **European Centre For Minority Issues**, ECMI Brief, n. 6, Ağustos 2001, s. 1.
[82] "Gürcistan'daki Ahılkelek Üssü Boşaltıldı", **Zaman**, Haziran 28, 2007, (Çevrimiçi), http://www.zaman.com.tr/haber.do?haberno=557179&bolgeno=372 , 6 Nisan 2011.
[83] "Armen Movsisyan: Gürcistan'dan Ermenistan'a Gelen Doğalgaz Boru Hattı Satılmayacak", **1News**, Eylül 17, 2010, (Çevrimiçi), http://www.1news.com.tr/guneykafkasya/ermenistan/20100917102129290.html , 6 Nisan 2011.
[84] İdris Bal, "Türk Cumhuriyetlerinde Milletleşme Süreci ve İç ve Dış Politikaya Etkisi", **Avrasya Etütleri**, sayı 20, Yaz 2001, ss.33-34.

olarak görülmelidir. Ne var ki, bugün gelinen noktada ABD'nin Güney Kafkasya Stratejisi'nin başarısızlığa uğradığı söylenebilir.

ABD'nin Güney Kafkasya'ya ilişkin dış politika stratejisi Soğuk Savaş'ın bitişinden bu yana birçok kez değişikliğe uğramıştır. 1991-1996 arasında, gerek "önce Rusya" politikası,[85] gerek bölgede yaşanan etno-kültürel çatışmalar, gerekse de bölgeye yönelik genel bilgi seviyesinin düşüklüğü nedeniyle, ABD'nin Güney Kafkasya'ya olan yaklaşımı çekimser bir görünüm arz etmiştir. ABD, bölgedeki en önemli müttefiki olan Türkiye aracılığıyla Ermenistan dışındaki Güney Kafkas Cumhuriyetleri ile iletişim kurmaya çalışmıştır. 1996-2008 arası dönemde ise, ABD'nin bölgeye yönelik doğrudan temas alanını genişlettiğini ve bölge ülkeleri ile ekonomik, siyasal ve askeri ilişkiler geliştirdiğini görüyoruz. Bu tercihin benimsenmesinde, bölgeye yönelik bilgi seviyesinin yükselmesinin yanı sıra, Rusya'nın "yakın çevre politikası" ile Güney Kafkas Cumhuriyetleri'nin de içerisinde bulunduğu birçok eski Sovyet ülkesine siyasal ve askeri baskı yapmaya başlaması[86] etkili olmuştur. 2008 yılındaki Rusya-Gürcistan Savaşı'nın ardından ise, ABD'nin, Güney Kafkasya'da Rusya karşıtlığı temeline oturmuş olan dış politika stratejisinin değiştiğini ve bu ülke ile daha dengeli ve ortak çıkarlar temelinde ilerleyen bir stratejinin geliştirilmeye çalışıldığını görüyoruz. Bu değişimin en önemli nedenleri ise, ABD'nin genel olarak Karadeniz Havzası'nda, özel olarak da Güney Kafkasya'daki coğrafi dezavantajının farkına varmış olması ve gittikçe büyüyen Çin tehlikesine karşı, ABD ile Rusya'nın ortak çıkarlar temelinde hareket etme anlayışına yönelmeleridir.

ABD'nin Gürcistan'a yönelik politikası da yukarıda açıklamaya çalıştığımız dış politika anlayışından türetilmiştir. Gürcistan; Azerbaycan'a oranla doğal kaynaklar bakımından zengin olmamasına ve siyasal ayrılıkçılığın ortaya çıkardığı yan etkilerden dolayı geçiş sürecini oldukça sıkıntılı yaşamasına rağmen, ABD'nin Güney Kafkasya'daki en önemli müttefiki haline gelmiştir. Bu durumun oluşmasında, bağımsızlığın elde edilmesinden itibaren, bu küçük ülkenin Rusya'nın boyunduruğundan uzaklaşmak için ciddi bir isteklilik içerisine girmesinin etkisi yadsınamaz. Güvenlik kaygısı ağır basan bu tercihin yanı sıra, Gürcistan'ın doğu-batı enerji ulaştırmasında oynadığı rol[87] ile bu ülkenin Rusya'nın en

[85] Strobe Talbott, **"The Russia Hand: A Memoir of Presidential Diplomacy"** , New York, Random House Publishing, 2007.
[86] Rejan Menon, "After Empire: Russia and the Southern Near Abroad" , **The New Russian Foreign Policy**, Michael Mandelbaum (Der.), New York, The Council on Foreign Relations, 1998, ss. 100-167.
[87] Samuel Lussac, "The Baku-Tbilisi-Kars Railroad and Its Geopolitical Implications for the South Caucasus" , **Caucasian Review of International Affairs**, c. 2, no. 4, Sonbahar 2008, ss. 212-224.

sorunlu bölgesine komşu bir coğrafi konumda oluşu, ABD'nin Gürcistan'a yönelik dış politikasını şekillendirmektedir.

Gürcistan'ın ABD'ye yakınlaşmasının birkaç önemli sebebi bulunmaktadır. Bu sebeplerden en önemlisi, bu ülkenin Rusya tarafından üzerinde oluşturulan siyasal, askeri ve ekonomik baskıdan kurtulmak istemesidir. Gürcistan'ın Batılı aktörler ile yakınlaşma ve Avro-Atlantik İttifakı'nın siyasal ajandasına dâhil olma planları, ne milliyetçi Gamsahurdiya, ne dengeci Shevardnadze ne de 2003'te yaşanan Gül Devrimi ile iktidara gelen Saakaşvili dönemlerinde değişmemiştir. Bu liderler döneminde değişen tek şey, Rusya'dan duyulan korku düzeyinin dış politikaya yansımaları olmuştur.

Gürcistan'ın, ABD yanlısı bir dış politika izlemesinin bir diğer önemli nedeni de toprak bütünlüğünü koruyabilmek için Avro-Atlantik Dünyası'nın, özellikle de bu ittifakın lideri olan ABD'nin, desteğine ihtiyaç duymasıdır. Rusya'nın Abhazya ve Güney Osetya'nın bağımsızlığına verdiği destek göz önünde bulundurulduğunda, Gürcistan'ın durumu dengeleyebilmek için ABD'nin siyasal desteğine ihtiyaç duyacağı açıkça görülebilmektedir. Zira ABD'nin Gürcistan'a destek vermesi demek, bu ülkenin müttefiklerinin de Gürcistan'a destek vermesi anlamına gelecek, dünya kamuoyunda Gürcistan'ın toprak bütünlüğünün korunmasına yönelik bir izlenim yaratılacaktır. Doğu-batı yönlü enerji ulaştırma projelerinde yer alarak ülkenin jeopolitik ve jeoekonomik önemini arttırmak ve böylece Rusya'ya olan enerji bağımlılığını azaltabilmek amacı da Gürcistan'ın ABD'ye yönelmesine neden olmaktadır. Gürcistan'ın Bakü-Tiflis-Ceyhan ve Bakü-Tiflis-Erzurum Enerji Projeleri'nin içerisinde yer almasının en önemli nedenlerinden biri de ABD'nin bu ülkeyi projeye dâhil etme istekliliği olmuştur.

Gürcistan, ordusunu modernize edebilmek, ekonomik gelişimini hızlandırmak ve ülkeye yatırım çekebilmek amacıyla da ABD'ye muhtaç konumdadır. Rusya ile yaşanan problemler nedeniyle bu ülkeden gelen yatırımcı sayısı azalan Gürcistan, Batı tarzı liberal bir ekonomik yapı oluşturmak istemektedir. Gürcistan, bağımsızlığını ilan ettiği tarihten bu yana ABD'den toplam 2,5 milyar dolarlık yardım almıştır.[88] Bu da ABD'nin verdiği parasal ve teknik desteğin Gürcistan açısından ne denli önemli olduğunu kanıtlamaktadır.

Gürcistan; Abhazya, Acaristan ve Güney Osetya Sorunları nedeniyle 1990'ların ilk yarısında topraklarında konumlanmasını kabul ettiği Rus askeri üslerinden kurtulabilmek için

---

[88] Jim Nichol, "Armenia, Azerbaijan and Georgia Political Developments and Implications for US Interests" , **Congressional Research Service**, Temmuz 13, 2009, ss. 30-31.

ABD'nin desteğine ihtiyaç duymuştur. Rus baskısı ile BDT üyesi olan Gürcistan, 1990'ların ikinci yarısı ve 2000'li yıllar ile birlikte Rus askeri üslerinin topraklarından çıkarılmasını talep etmeye başlamış ve bu noktada, ABD'den yardım talep ettiğini göstermiştir. 11 Eylül 2001 sonrası gerçekleştirilen Afganistan Operasyonu esnasında Gürcistan'ın hava sahasının kullanılmasına izin vermesi, iki ülke arasındaki askeri işbirliğinin geliştirilmesi noktasında bir kırılma noktası olmuş, bu tarihten sonra Gürcü Ordusu'nun güçlendirilmesi, modernizasyonu ve taktik anlayışının geliştirilmesi amacıyla çok sayıda ABD'li uzman Gürcistan'a gönderilmiştir. Uzmanların yanı sıra Gürcistan'a hibe edilen silahlar, helikopterler ile iki ülke arasında imzalanan savunma işbirliği antlaşması[89] Gürcistan-ABD İlişkileri'nin ulaştığı boyutu göstermesi bakımından çok önemlidir. Nitekim bu girişimler Rusya tarafında çok büyük bir tepkiyle karşılanmaktadır. Bugün itibarıyla en çok merak edilen husus, Saakaşvili döneminde oldukça ileri bir seviyeye varmış olan ABD-Gürcistan İlişkileri'nin, Rusya ve Batı arasında dengeli bir strateji izleyeceğini açıklayan ve bu bağlamda NATO üyeliği vurgusundan dahi uzak duran Bidzina Ivanişvili'nin iktidarı döneminde ne yönde seyredeceğidir.

### 3.3. Gürcistan-Rusya İlişkileri

Güney Kafkasya, Rusya için oldukça değerli bir coğrafi alanı ifade etmektedir. Zira bu bölge Avrupa ile Orta Asya arasında bir geçiş köprüsü olmasının yanı sıra, Karadeniz ve Hazar Havzaları'na açılım noktasında yer almaktadır.[90] Güney Kafkasya, Rusya'nın bölgedeki iki önemli rakibi Türkiye ve İran ile buluşma noktası üzerinde yer almasının yanı sıra, Basra Körfezi ve Ortadoğu'ya açılan ticaret ve ulaştırma yollarının da kavşağında yer almaktadır. Rusya, Güney Kafkasya'yı bir tampon bölge olarak kullanma amacındadır.[91] Güney Kafkasya, sahip olduğu enerji rezervleri ve AB ile Türkiye açısından çok büyük önem taşıyan doğu-batı yönlü enerji nakil hattı projeleri bakımından da önemlidir. Dünyanın en önemli enerji ihracatçısı olan ve ekonomik göstergeleri ile dış politika yönelimleri açısından enerjiye odaklanmış bir ülke konumunda bulunan Rusya'nın, Kafkasya'ya odaklanmış enerji nakil projelerinden etkilenmemesi mümkün değildir. Rusya, Avro-Atlantik Dünyası'na karşı elinde bulundurduğu en önemli unsur olan enerji kozunu sürekli olarak öne sürebilmek ve özellikle AB ile Türkiye'yi kendisine bağımlı kılabilmek için Hazar ve Güney Kafkasya'da bulunan enerji kaynakları ve projeleri ile yakından ilgilenmek zorundadır. Rusya'nın amacı

---

[89] Kasım, **"Soğuk Savaş..."** , s. 188.
[90] Ufuk Tavkul, **"Etnik Çatışmaların Gölgesinde Kafkasya"** , İstanbul, Ötüken Neşriyat, 2002, ss. 17-18.
[91] Ibid. , s. 235.

bu bölgeden çıkarılan petrol ve doğalgazı kendi topraklarına çekebilmek ve bu kaynakların başlıca taşıyıcısı olabilmektir.[92] Rusya, toprak bütünlüğünü güvence altına alabilmek ve 1990'ların ikinci yarısı boyunca yaşamış olduğu Çeçen ayrılıkçılığına benzer sorunlar ile karşılaşmamak için, Kuzey Kafkasya'yı olduğu kadar Güney Kafkasya'yı da siyasal kontrolü altında tutmak zorundadır.

Gürcistan ise, Abhazya ile Güney Osetya'da beliren ayrılıkçı istemlere Rusya'nın sıcak bakmasının yanı sıra, sosyo-ekonomik gelişimin ancak Avro-Atlantik Dünyası'nın ekonomik, siyasal ve askeri kurumlarına katılmakla mümkün olabileceği düşüncesiyle Rusya'dan uzaklaşarak, ABD, AB ve Türkiye ile yakınlaşmayı dış politika stratejisinin en ön sırasına yerleştirmiştir. Rusya-Gürcistan ilişkilerinin gerilmesinin en önemli sebebi, Rusya'nın Gürcistan topraklarında yer alan ayrılıkçı bölgelere destek veriyor oluşudur. Gürcistan, Rusya'nın Karadeniz'deki etkinliğini koruması, Türkiye ve Batı yanlısı politikalar izleyen Azerbaycan üzerinde baskı oluşturabilmesi ve tarihsel müttefiki Ermenistan ile bağlar kurabilmesi açısından da önemli bir ülkedir.[93] Gürcistan, ayrıca Hazar enerji kaynaklarının Batı'ya ulaştırılması açısından Türkiye ve Azerbaycan ile kurduğu bağlar nedeniyle de Rusya'nın tepkisini çekmektedir.[94]

Rusya-Gürcistan İlişkileri'ndeki gerginlik, Rusya'nın, Gürcistan'daki ayrılıkçılık problemini kendi lehinde ve Gürcistan üzerinde baskı oluşturacak şekilde kullanmasından kaynaklanmaktadır.[95] Gürcistan'ın ilk devlet başkanı olan Zviad Gamsahurdiya, Gürcü milliyetçiliğinin ve Rus karşıtlığının en önemli temsilcilerinden biriydi.[96] Onun ve liderliğini yaptığı *Yuvarlak Masa Gürcistan Hareketi*'nin temsil ettiği Gürcü milliyetçiliği, Abhazya ve Güney Osetya gibi, etnik anlamda Gürcü olmayan bölgelerin ayrılıkçı istemlerini arttırmıştır. Rusya ise Gamsahurdiya karşıtı muhalefeti destekleyerek ve ayrılıkçı Abhazya ile Güney Osetya'yı cesaretlendirerek, hem bu ülkede kendisini destekleyecek bir iktidar odağı yaratmaya çalışmış hem de Gürcistan'ın BDT'ye üye olmasını sağlamayı amaçlamıştır. Nitekim Rusya'nın bu politikası başarılı da olmuş, Gamsahurdiya ortaya çıkan sosyo-ekonomik çöküntü ve siyasal kriz sonrası devrilmiş ve yerine dengeci tutumu ile tanınan

---

92 Kantarcı, **"Kıskaçtaki Bölge..."** , s. 100.
93 Ahmet Sapmaz, **"Rusya'nın Transkafkasya Politikası ve Türkiye'ye Etkileri"** , İstanbul, Ötüken Neşriyat, 2008, s. 176.
94 Yelda Demirağ, "Bağımsızlıktan Kadife Devrime Türkiye-Gürcistan İlişkileri" , **Uluslararası İlişkiler**, c. 2, no. 7, 2005, s. 133.
95 Oktay Tanrısever, "Sovyet Sonrası Dönemde Rusya'nın Kafkasya Politikası" , **Türkiye'nin Komşuları**, Mustafa Türkeş ve İlhan Uzgel (Der.), Ankara, İmge Kitabevi, 2002, s. 398.
96 Sapmaz, **"Rusya'nın..."** , s. 177.

Eduard Shevardnadze geçerken, Gürcistan 1994 yılında BDT'ye üye olmuştur. Tüm bunlar yaşanırken Abhazya ile Güney Osetya siyasal, askeri ve ekonomik anlamda Gürcistan'dan koparılmış ve tamamıyla Rusya'nın denetimi altına girmişlerdir. Böylece Rusya, bu iki ayrılıkçı bölge üzerinde nüfuz elde ederken, bu bölgelerin ayrılıkçı istemlerini destekleme kozunu da Gürcistan'a karşı her zaman ve her yerde ileri sürme şansına kavuşmuştur. Rusya, bu kozu bugün dahi elinde tutmaya devam etmektedir.

Rusya, Shevardnadze döneminde Gürcistan'ın BDT'ye katılmasını sağlamanın yanı sıra, bu ülke topraklarında 4 adet askeri üs de elde etmiştir. Bu askeri üsler, Rusya'nın Türkiye-Azerbaycan Bloğu ile İran'ı kontrol edebilmesi anlamında çok değerliydi. Gürcü lider Shevardnadze de, ülkesinin karşılaştığı ayrılıkçılık ve güvenlik sorunlarına geçici bir çözüm getirebilmek için 1994'ten 2001'e kadar olan dönemde Rusya ile açık bir şekilde karşı karşıya gelmekten sakınmaya ve ayrılıkçı bölgeler problemini dondurmaya çalışmıştır.[97] 1994'ten Gül Devrimi'ne kadar olan süreçte, Rusya, ayrılıkçı bölgelere olan ekonomik ve siyasal desteğini devam ettirip, onların güvenliklerini garanti altına alırken; Gürcistan'a da ancak Rusya'nın çıkarlarına uygun bir politika uygulaması şartıyla toprak bütünlüğünü koruyup istikrarlı bir yapıya evrilebileceğinin mesajını vermiştir.[98]

Ne var ki, Gürcistan ile Rusya gün geçtikçe birbirlerinden uzaklaşmış ve 2003 yılı sonrasında da ipler tamamen kopmuştur. Rusya'nın, Abhazya ile Güney Osetya'yı desteklemeye devam etmesi, siyasal anlamda Rusya'ya yakın durmak zorunda kalan Gürcistan'ın ekonomik anlamda bir türlü gereken atılımı yapamaması, Rusya'nın 2000 yılından itibaren Gürcistan'a vize uygulamaya başlaması ve Abhazya ile Güney Osetya vatandaşlarına Rusya tarafından Rus vatandaşlığı ve pasaportu verilmeye başlanması, Gürcistan'ın Rusya'dan uzaklaşmasının en önemli nedenleri arasındadır.

2003'te yaşanan Gül Devrimi neticesinde Rusya ile ABD arasında dengeli bir yaklaşımın savunucusu olan Shevardnadze'nin yerine Mikhail Saakaşvili adlı ABD'de yetişmiş genç bir avukat geçmiştir. Bu tarihten sonra Gürcistan'da yaşanan ve siyasal-askeri yönü ağır basan gelişmeler, bu küçük ülkenin, genel olarak Avrasya'da, özelde ise Güney Kafkasya'da yaşanan Rusya-ABD çatışmasında bir piyon olarak kullanıldığını

---

[97] Alexander Rondeli, **"Regional Security Prospects in the Caucasus"** , New York ve Londra, Routledge, 2000, ss. 48-51.
[98] Sapmaz, **"Rusya'nın..."** , s. 180.

göstermektedir.[99] ABD yanlısı Saakaşvili'nin iktidara gelmesinin ardından Rusya'nın Gürcistan üzerindeki siyasi ve ekonomik baskısı dayanılmaz bir boyuta varmış, Rusya'da yaşayan Gürcistan vatandaşlarının önüne vize ve iş konusunda engeller konmuş, Rus Devleti ile Gürcistan'daki ayrılıkçı bölgeler arasında daha derin siyasal, askeri ve ekonomik bağlar kurulmuştur. Saakaşvili döneminde Rusya ile Gürcistan arasındaki krizi derinleştiren bir diğer unsur da Gürcistan topraklarında bulunan Rus askeri üslerinin kapatılması meselesi olmuştur. Gürcü Yönetimi, 1999 yılından itibaren Rus üslerinin kapatılması konusunda istekte bulunmasına karşın Rusya, güvenlik kaygılarını ileri sürerek bu konuda adım atmaktan kaçınmıştır. ABD, 2000 yılının başından itibaren Rusya'yı bu konuda uyarmasına karşın Rusya üsleri kapatmayı sürekli ertelemiş ve ancak Gürcistan'da iktidarın el değiştirmesi sonrası Saakaşvili'nin isteği ile bu üsleri kapatmıştır. Mikhail Saakaşvili'nin Rus üslerine karşı izlediği düşmanca tutum ve bu konuda Avro-Atlantik Dünyası ile ilişkilerini de kullanmış olması Rusya'nın Gürcistan'a olan uzaklığını daha da arttırmıştır.

Rusya-Gürcistan gerginliği, yukarıda açıkladığımız nedenler ve Gürcü lider Saakaşvili'nin kendine ve Avro-Atlantik Dünyası'nın desteğine güvenerek giriştiği Güney Osetya müdahalesi sonrası bir savaşa dönüşmüştür. Ağustos 2008'de gerçekleşen bu kısa süreli savaş sonrası Rusya, kendi açısından Gürcistan'a ve onun destekçisi ABD'ye gereken mesajı vermiştir. Rusya, Abhazya ile Güney Osetya'nın bağımsızlıklarını ilan etmelerini desteklemiş ve bu bağımsızlığı resmen tanımıştır. Böylece, Balkanlar'da Kosova'nın Sırbistan'dan ayrılmasına benzer bir uluslararası hukuk uygulamasına imza atılmak istenmiştir.[100] Ne var ki, Rusya'nın bu konuda hemen hiç destek görmediği de söylenebilir. Nitekim Kosova'nın bağımsızlığını tanıyan 70'e yakın devlet bulunmasına karşın, Abhazya ile Güney Osetya'nın bağımsızlığını tanıyan devlet sayısı Rusya ile birlikte 4'tür.

Ivanişvili'nin iktidara gelmesinin ardından, Rusya-Gürcistan İlişkileri'nin geleceği ile ilgili olumlu bir beklenti de ortaya çıkmıştır. Nitekim Ivanişvili, ülkesi ile Rusya arasındaki ilişkilerin her iki tarafın çıkarlarına uygun bir şekilde kurgulanacağını ve Gürcistan'ın Rusya ile ilişkilerini geliştirmek istediğini açıkça ortaya koymuştur. Ivanişvili'nin, NATO üyeliğine sıcak yaklaşmaması ve uzun yıllar boyunca Rusya'da yaşamış ve tanınırlığını burada elde etmiş bir isim olması, Gürcistan-Rusya İlişkileri'nin Gül Devrimi ya da Saakaşvili dönemindeki gerginlikten uzaklaşacağına dair bir sinyal olarak algılanmaktadır.

---

[99] Houman A. Sadri ve Nathan L. Burns, "The Georgia Crisis: A New Cold War on the Horizon?" **Caucasian Review of International Affairs**, c. 4, no. 2, İlkbahar 2010, ss. 126-144.

[100] Cenap Çakmak, "Rusya'nın Güney Osetya Politikası, Neo-Self Determinasyon ve UCM'nin Rolü" , **Bilge Strateji**, c. 1, sayı 1, Güz 2009, ss. 51-70.

### 3.4. Gürcistan-AB İlişkileri

AB, 1990'ların sonuna kadar Transkafkasya'da yer alan ülkeler ile yakın işbirliğine geçmemiştir. Öyle ki, 1999'a kadar belli bir Transkafkasya Politikası'nın olduğu dahi kuşkuludur. Zira AB, bu tarihe kadar bölge ülkelerine yönelik geniş çaplı bir strateji uygulamak yerine bu bölgede yer alan ülkelerle bireysel temas halinde olmuştur. AB'nin Transkafkasya ya da diğer adıyla Güney Kafkasya'ya ilişkin stratejisi 1 Temmuz 1999'da yürürlüğe giren "Ortaklık ve İşbirliği Antlaşmaları" çerçevesinde oluşmuştur. Bu antlaşmalar neticesinde, teknik ve proje düzeyinde yardım üzerine odaklanmış TACIS ve TRACECA gibi programlar Güney Kafkas Cumhuriyetleri ile ilişkilerin temel yapı taşı haline gelmiştir. Örneğin, Gürcistan, TACIS Programı çerçevesinde 2003 yılına kadar AB'den 350 milyon avroluk yardım almıştır.[101] AB'nin, komşu coğrafyalarda refah ve istikrarı güçlendirmek gibi hedeflerle 2004 yılında yürürlüğe koyduğu *Avrupa Komşuluk Politikası-European Neighbourhood Policy-(ENP)* ile başta Güney Kafkasya ve Karadeniz Havzası olmak üzere komşularına imtiyazlı bir ilişki türü sunmak istediği ortadadır. Bu politikanın içeriği de demokrasi, insan haklarına saygı, pazar ekonomisinin yapılandırılması, sürdürülebilir kalkınma gibi ilkeler ile doldurulmaya çalışılmıştır. Ancak bu program hiçbir şekilde AB'ye üyelik süreci ile birlikte anılmamalıdır. Güney Kafkasya Cumhuriyetleri de 2004 yılından itibaren Avrupa Komşuluk Politikası'na dâhil edilmişlerdir. 1 Temmuz 1999'da yürürlüğe giren Ortaklık ve İşbirliği Antlaşmaları ile Güney Kafkas Cumhuriyetleri'ne ticaret, yatırım, siyasal reform gibi alanlarda yardım vaadinde bulunan AB, 2004'te yürürlüğe giren ENP ile işbirliği imkânlarına ek olarak AB pazarına girebilme ve ileriki aşamalarda AB'nin bazı kararlarına katılım olanaklarını da tanımıştır.[102] AB, bu bağlamda Gürcistan ile Ortaklık Antlaşması da imzalamıştır.[103] Bu ortaklık antlaşması, Gürcistan'a, AB pazarına ihracat ve serbest dolaşımın kolaylaştırılması gibi faydalar sağlayacaktır. AB'nin Güney Kafkasya'yı da içerisine alan bölgeye yönelik olarak geliştirdiği son projesi ise 2007'de yürürlüğe konan "Karadeniz Sinerjisi" olmuştur. Bu girişimin asıl amacı, Karadeniz Havzası çevresinde bölgesel işbirliği imkânlarını arttırmaktır.[104] Bu proje, bölge ülkeleri arasında bağlar kurarak, bu ülkelerin birlikte projeler geliştirmesini ve birbirlerine olan bağımlılıklarını arttırarak

---

[101] Esra Hatipoğlu, "Avrupa Komşuluk Politikası'nın Güney Kafkasya Boyutu" , **Değişen Dünya Düzeninde Kafkasya**, Okan Yeşilot (Der.), İstanbul, İstanbul Kitabevi, 2005, s.23.
[102] Aslıhan Turan, "AB ve Karadeniz Sinerjisi" , **BİLGESAM**, Ağustos 17, 2010, (Çevrimiçi), http://www.bilgesam.org/tr/index.php?option , 3 Mayıs 2011.
[103] "Gürcistan'ın AB ile Ortaklık Tercihi", **1News**, Kasım 29, 2013, (Çevrimiçi), http://www.1news.com.tr/yazarlar/20131129061024828.html, 2 Aralık 2013.
[104] "Black Sea Synergy-A New Regional Cooperation Initiative" , **Commission of the European Communities**, Nisan 11, 2007, (Çevrimiçi), http://ec.europa.eu/world/enp/pdf/com07_160_en.pdf , 3 Mayıs 2011.

işbirliğini derinleştirmeyi amaçlamaktadır. Enerji, çevre ve ulaştırma konuları, AB'nin bu strateji çerçevesinde yöneldiği temel nirengi noktalarını oluşturmaktadır.

Bu politikalar çerçevesinde AB'nin Gürcistan'a olan yaklaşımına göz attığımızda, 1990'ların sonuna kadar Gürcistan-AB İlişkileri'nin temelde ekonomik ve teknik yardım bağlamında geliştiğini görüyoruz. Nitekim AB, 1996 yılına kadar Gürcistan'a 128 milyon avroluk yardım yapmıştır.[105] TACIS, TRACECA ve INOGATE Programları aracılığıyla Gürcistan'a yapılan teknik ve ekonomik yardımlar, bu ülkenin ekonomisinin modernize edilmesinde ve özellikle enerji altyapısının yeniden elden geçirilmesinde önemli bir rol oynamıştır. Bu dönemde, AB'nin temel düsturu, Gürcistan'ın SSCB döneminden kalma ekonomi anlayışından kapitalist ekonomi anlayışına geçebilmesi anlamında bu ülkeye destek olabilmek yönünde belirginleşmiştir.

2000'li yıllar itibarıyla AB'nin Gürcistan'a yaklaşımını şekillendiren temel husus ise Kafkasya'nın enerji anlamında sahip olduğu değer olmuştur.[106] Türkiye ve Azerbaycan'ın, Ermenistan ile yaşadıkları siyasal sorunlar nedeniyle, Gürcistan'ın Orta Asya-Hazar Bölgesi'nden gelen enerji kaynaklarını batıya ulaştırma anlamında bir geçiş ülkesi olarak ön plana çıkması, bu ülkenin AB nezdindeki önemini arttırmıştır. Gürcistan'ın Asya ile Avrupa arasında ticari hareketliliği arttırmayı amaçlayan İpek Yolu'nun canlandırılması projesinde de yer alıyor oluşu önemlidir. Zira Gürcistan, tarihi İpek Yolu'nun Karadeniz'e çıkış noktasında önemli bir liman konumundadır. AB, Asya ile doğrudan ticaret imkânlarını geliştirebilmek noktasında Gürcistan'a ihtiyaç duymaktadır. Bakü-Tiflis-Kars Demiryolu Projesi'ne AB'nin verdiği destek bu yönüyle simgesel bir boyut taşımaktadır. AB, Gürcistan'ın toprak bütünlüğüne de destek vermekte ve Abhazya ile Güney Osetya'nın bağımsızlığını tanımayarak Gürcistan'ın bu bölgeler üzerinde egemen bir devlet olduğu görüşünü dillendirmektedir. Bunun en önemli nedeni de, AB'nin kendisine komşu bir coğrafya olan Güney Kafkasya'dan ortaya çıkabilecek etnik ve dinsel çatışmaların artmasını istememesidir. AB yetkilileri, bu bölgeden kaynaklanabilecek bir çatışma ortamının tüm Güney Kafkasya'ya, hatta Karadeniz Havzası'nın tümüne yayılmasından endişe etmektedirler. Zira bu bölgelerde başlayacak bir topyekûn çatışma ortamı AB'ye yasadışı göç, insan ve silah kaçakçılığının

---

[105] Cemilli, **"ABD'nin Güney..."** , ss. 101-102.

[106] Mariam Dekanozishvili, "The EU in the South Caucasus: By What Means to What Ends?" , **Georgian Foundation for Strategic and International Studies**, Occasional Paper, sayı 2, 2004, (Çevrimiçi), http://www.gfsis.org/publications/93.pdf , 4 Mayıs 2011.

artması, terör, vb. yollarla etkide bulunacaktır.[107] Gürcistan'ın selameti bu döngünün başlamasını engellemek anlamında AB için çok değerlidir.

Gürcistan'ın dış politika çizgisi, 1990'lar boyunca evrimsel bir boyutta Avro-Atlantik Dünyası'na doğru kaydığı için, AB ile ilişkiler bu ülke için çok önemlidir. Gürcistan'ın dış politika stratejisi 2003'te gerçekleşen Gül Devrimi neticesinde "amansız düşman Rusya" şeklinde tecelli ettiği için,[108] AB ile ilişkilerin geliştirilmesi birincil dış politika hedeflerinden biri haline getirilmiştir.

AB, enerji anlamında Rusya'ya bağımlıdır ve bu ülke ile çok önemli ticari bağlara sahiptir. Bu nedenle, Rusya ile çatışacak bir dış politika çizgisine uzak durmaya çabalamaktadır. AB, Güney Kafkasya özelinde, birliği bağlayacak ortak bir dış politika çizgisinde birleşemediği[109] ve bölgede çatışma ve istikrarsızlık yaşanmasını arzulamadığı için Rusya'yı tam olarak karşısına almamakta ancak özellikle Gürcistan'da yaşanan Abhazya ve Güney Osetya ayrılıkçılığına hiçbir şekilde kapıyı aralamak istememektedir. Gül Devrimi'nin sona ermiş olması da Gürcistan ile AB arasındaki ilişkilerin yakınlaşma çerçevesinde işletilmesini engellememiştir. Nitekim AB ile Gürcistan arasında imzalanan "ortaklık antlaşması", Ivanişvili döneminde imzalanmıştır. Üstelik Ivanişvili'nin dış politika jargonuna hâkim olan söylem de AB ile yakınlaşma çerçevesinde betimlenmektedir.

### 4. Türk Dış Politikası'nda Sürekliliğin İmgesi: Gürcistan

#### 4.1. Siyasal İşbirliği

1921 yılından itibaren tamamıyla SSCB kontrolü altına girmiş bir bölge olan Güney Kafkasya ile Türkiye'nin ilişkileri önemsiz bir boyuta indirgenmiş, II. Dünya Savaşı'nın ardından dünya siyasal sisteminin çift kutuplu bir yapıya evrilmesi neticesinde de neredeyse tamamen kopmuştur. Öyle ki, Türkiye ile Güney Kafkasya'da yer alan Sovyet Cumhuriyetleri arasındaki ilişkinin mahiyeti 1921 yılında imzalanan Kars Antlaşması'nın kaidelerine uyma yönünde belirginleşmiş ve SSCB dağılana kadar da bu sıkışmışlıktan kurtulamamıştır. SSCB'nin dağılması ve Güney Kafkasya'da Gürcistan'ın da aralarında yer aldığı 3 yeni cumhuriyetin ortaya çıkması, Türkiye'nin gözünü bu bölgeye çevirmesine yol açmış ve

---

[107] Tracey C. German, "Visibly Invisible: EU Engagement in Conflict Resolution in the South Caucasus", **European Security**, c. 16, sayı 3-4, 2007, ss. 362-363.
[108] Sinem Kocamaz, "Avrupa Birliği'nin Komşuluk Politikası Çerçevesinde Transkafkasya Ülkeleri ile İlişkileri", **OAKA**, c. 2, sayı 4, 2007, s. 74.
[109] Ömer Kurtbağ, "EU's Response to the Georgia Crisis: An Active Peace Broker or a Confused and Divided Actor?", **OAKA**, c. 3, sayı 6, 2008, ss. 58-74.

mevcut güç boşluğunun doldurulabilmesi amacıyla Türk Dış Politikası'nın ekseni Kafkasya Bölgesi'ne doğru kaymıştır.

Türkiye'nin yeni Güney Kafkasya vizyonu liberal, çoğulcu ve Moskova'nın baskın olmayacağı bir durumu öngördüğü için,[110] bu bölgede bağımsızlığını yeni kazanmış olan devletler ile Türkiye'nin ilişkilerinin her alanda geliştirilmesi ve bölge halklarının güveninin kazanılması gerekiyordu. Bu noktada Azerbaycan ve Gürcistan ile herhangi bir sorun yaşanmazken, Ermenistan'ın yayılmacı bir dış politika çizgisine yönelmesi sonucu Türkiye-Ermenistan İlişkileri gelişmemiştir. Türkiye, bu ilk izlenimin ardından Azerbaycan ve Gürcistan'a her türlü teknik, ekonomik ve siyasal desteği vermeye başlamış ve özellikle 1990'ların ikinci yarısından itibaren, bu iki ülkenin tamamıyla Rusya etkisi altına girmesini engellemeye çalışmıştır. Aslında Türkiye, Rusya'nın Çarlık ve Sovyet dönemlerindeki emperyal reflekslerine geri dönmesini önlemeye[111] ve bu ülkenin de içerisinde yer alacağı yeni bir Karadeniz inisiyatifi oluşturmaya odaklanmıştır. Rusya'nın da üyesi olduğu ancak birbiriyle çelişen/çatışan dış politika stratejileri neticesinde bir türlü gelişim gösteremeyen KEİT, bu gerçekliğin bir yansıması olarak etkisizleşmiştir.

SSCB'nin çöküşü ile birlikte Türk Dış Politikası'nın uzun yıllardan bu yana devam eden tek boyutlu anlayışı değişmeye başlamıştır. Nitekim Balkanlar ve Ortadoğu'nun yanı sıra, Güney Kafkasya ve Orta Asya gibi bölgeler de Türkiye'nin önüne yeni fırsatlar serecek şekilde ciddi bir boşluğun içerisine sürüklenmiştir. Bu minvalde, Gürcistan, Türkiye'nin Azerbaycan ile birlikte oluşturmak istediği Güney Kafkasya müttefikliğinin lojistik merkezi haline gelmiştir. Gürcistan, Türkiye'nin Azerbaycan ile ticari bağlantısını sağlamanın yanı sıra, Hazar Havzası kaynaklı enerji kaynaklarının Türkiye ve batıya aktarılması noktasında da önemli bir köprübaşı haline gelmiş, inşa edilen ve edilecek olan enerji nakil hatları ile ticaret yollarının da Gürcistan'dan geçirilmesi kararlaştırılmıştır. Bakü-Tiflis-Ceyhan Ham Petrol Boru Hattı, Bakü-Tiflis-Erzurum Doğalgaz Boru Hattı, Bakü-Tiflis-Kars Demiryolu ve yeniden canlandırılması düşünülen İpek Yolu bağlamında yatırım yapılacak olan ulaştırma güzergâhları ile birlikte Trans Anadolu Doğalgaz Boru Hattı (TANAP) gibi girişimler noktasında Gürcistan önemli bir ülke statüsüne kavuşmuştur.

Gürcistan'ın yaşadığı siyasal kriz, Türkiye'nin Kafkasya ve Orta Asya açılımı ile Hazar merkezli enerji kaynaklarının batıya aktarılmasını sağlayacak enerji nakil hattı

---

110 Sapmaz, **"Rusya'nın..."** , s. 298.

111 Nasuh Uslu, "The Russian, Caucasian and Central Asian Aspects of Turkish Foreign Policy in the Post Cold War Period" , **Alternatives**, c. 2, n. 3-4, 2003, ss. 164-187.

projelerini geciktirdiği için, Gürcistan'ın selameti Türkiye açısından çok büyük bir önem arz etmiştir. Nitekim bu ülkenin BDT'ye üye olması ve ayrılıkçı bölgeler ile ilgili siyasal krizlerin bir süreliğine dondurulması neticesinde beliren siyasal ve ekonomik statüko, başta Bakü-Tiflis-Ceyhan Ham Petrol Boru Hattı ve Bakü-Tiflis-Erzurum Doğalgaz Boru Hattı olmak üzere birçok projenin hayata geçirilmesine yetecek zamanı sağlamıştır. Aynı dönemde Türkiye-Gürcistan-Azerbaycan arasında tam bir siyasal ve ekonomik işbirliğinin kurgulandığını ve Gürcistan'ın her iki ülkeden sağladığı teknik ve ekonomik yardım ile sosyo-ekonomik yapısını biraz olsun düzeltirken, özellikle Türkiye'nin çabalarıyla, ABD ve AB ile ikili ilişkilerini de geliştirdiğini görüyoruz. Bu değişim, Gürcistan ile Türkiye arasında inşa edilen ve karşılıklı güven ile işbirliğine dayanan müttefiklik ilişkilerine herhangi bir zarar vermemiş, aksine iki ülke arasındaki siyasal, ekonomik ve askeri bağları daha da kuvvetlendirmiştir. Türkiye'nin, özellikle 2008 yılında yaşanan Rus-Gürcü Savaşı'nın ardından Gürcistan'ın toprak bütünlüğüne olan desteğini daha güçlü bir şekilde vurgulaması,[112] bu küçük Güney Kafkas ülkesinin Türkiye'ye gösterdiği ilginin daha da artmasına yol açmıştır. Türkiye'nin geleneksel dış politika çizgisi ülkelerin toprak bütünlüklerine vurgu yapmayı gerektirse de,[113] Gürcü yetkililer de bilmektedirler ki, Türkiye'de oldukça büyük bir Abhaz diasporası vardır ve bu diasporaya rağmen Gürcistan'ın toprak bütünlüğünü savunmak oldukça zordur.

Gürcistan'ın bağımsızlığını ilan etmesinin ardından aşırı milliyetçi bir siyasal çizgiye yönelmesi ve ülke içerisindeki farklı etnik ve dinsel gruplara karşı saldırgan ve inkârcı bir tutum izlemeye başlaması, bu ülkenin bağımsızlığını en önce tanıyan ülkelerden biri olan Türkiye ile Gürcistan'ın ikili ilişkilerinin ilerlemesine ciddi bir engel teşkil etmişti. Zira Gürcü Yönetimi'nin özellikle Abhazya ve Acaristan'a karşı takındığı militanca tutum bu halklar ile tarihsel, kültürel ve sosyal bağları bulunan Türkiye'nin Gürcü Yönetimi ile sağlıklı bir iletişim kurmasını engellemişti. Türkiye'de bulunan Abhaz diasporası da bu noktada etkili olmuştu. Bunun yanı sıra Gürcü Yönetimi'nin SSCB döneminde Gürcistan topraklarından sürülen Ahıska Türkleri'nin geri dönüşüne sıcak bakmaması ve bunu açıkça vurgulaması da Türkiye'nin Gürcistan'a olan yaklaşımını olumsuz etkilemekteydi.[114] Türkiye'nin Gürcistan'a olan yaklaşımı Eduard Shevardnadze döneminde değişime uğramıştır. Türkiye, Aralık

---

[112] Atilla Sandıklı, "Gürcistan-Rusya Gerilimi ve Türkiye" , **BİLGESAM**, Mayıs 5, 2008, (Çevrimiçi), http://www.bilgesam.org/tr/index.php?option=com_content&view=article&id=133:guercistan-rusya-gerilimi-ve-tuerkiye&catid=86:analizler-kafkaslar&Itemid=148 , 14 Mayıs 2011.

[113] Özdem Sanberk, "Türk Dış Politikasının Bölgeselleşmesi" , **BİLGESAM**, Rapor No. 21, İstanbul, 2010, ss. 1-10.

[114] Cemilli, **"ABD'nin Güney…"** , s. 99.

1991'de bağımsızlığını ilan eden Gürcistan'ı tanıyan ilk ülkelerden biri olmasının hemen ardından Shevardnadze'nin iktidara gelmesinin ardından Mayıs 1992'de imzalanan protokolle bu ülke ile diplomatik ilişkiler tesis etmiştir. Aynı yılın Temmuz ayında Türkiye Başbakanı Süleyman Demirel, beraberinde bir uçak dolusu ilaç ve gıda malzemesi ile birlikte Gürcistan'ı ziyaret ederek, Abhazya ve Güney Osetya kaynaklı bir iç savaş ile uğraşmakta olan bu ülkeye desteğini göstermiş, Eduard Shevardnadze ile birlikte "Dostluk, İşbirliği ve İyi Komşuluk Antlaşmasını" imzalamıştır. Bu antlaşmanın ilk maddesini oluşturan "tarafların birbirlerinin egemenliğine, bağımsızlığına, toprak bütünlüğüne saygı duyacakları ve birbirlerinin içişlerine karışmayacakları" yönündeki ibare, bundan sonraki süreçte Türk-Gürcü İlişkileri'ni şekillendiren temel husus olmuştur.[115] Özellikle 2003'te yaşanan Gül Devrimi sonrasında iki ülke ilişkileri o kadar iyi bir boyuta taşınmıştır ki, Haziran 2011 itibarıyla iki ülke sınırında pasaportsuz geçiş uygulaması başlatılmıştır.[116]

Tarihsel ve sosyo-kültürel yakınlığa rağmen Abhazya ve Güney Osetya'nın Gürcistan'dan ayrılma yönünde belirginleşen istemlerine cevap verilmemesi ve Türkiye içerisinde özellikle Abhaz ayrılıkçılığına destek vermeye yönelik eylemlerin engellenmesi önemlidir. Türkiye, böylece Gürcistan'ın toprak bütünlüğünden yana olduğunu ve mevcut sorunların ancak ikili görüşmeler neticesinde barışçı bir yoldan çözümlenebileceğini göstermek istemiştir. Türkiye, çatışmalar esnasında hem Abhazya'ya hem de Gürcistan'a insani yardımda bulunmuş ve böylece iki tarafın da güvenini kazanmaya çalışmıştır.[117] Türkiye'nin Gürcistan'ın toprak bütünlüğüne verdiği destek, Gürcistan'ın kendi ülkesine sığınmaya çalışan PKK militanlarına kapılarını kapatması konusunda da önemli bir belirleyici olmuştur. PKK'nın Ermenistan topraklarındaki etkinliğinin aksine,[118] Gürcistan'da herhangi bir faaliyetinin bulunmamasının en önemli sebeplerinden biri coğrafi uzaklık ise diğeri de Gürcü yetkililerin "karşılıklılık" ilkesine dayanan tutumudur.

Abhazya, Güney Osetya ve Gürcistan'a gönderilen insani yardımların dışında, Türkiye 1994'ten bu yana Gürcistan'da görev yapmakta olan BM Gözlemci Misyonu'nda yer almakta ve sorunun çözülebilmesi anlamında AGİT tarafından başlatılmış olan Cenevre Süreci'ne de destek vermektedir.[119] Ne var ki, 2008 Savaşı'nın ardından Abhazya ve Güney Osetya'nın

---

[115] Mert, **"Türkiye'nin Kafkasya..."** , s. 280.
[116] "Pasaport Dönemi Sona Eriyor" , **Stratejik Boyut**, Mayıs 15, 2011, (Çevrimiçi), http://www.stratejikboyut.com/haber/pasaport-donemi-sona-eriyor--53417.html , 15 Mayıs 2011.
[117] Punsmann ve Başkan, "Karadeniz'in..." , s. 12.
[118] Bülent Aras ve Fatih Özbay, "Türkiye ve Ermenistan: Statüko ve Normalleşme Arasında Kafkasya Siyaseti" , **SETA Analiz**, sayı 12, Ekim 2009, s. 8.
[119] Selçuk Çolakoğlu, "Türkiye-Gürcistan İlişkileri" , **Stratejik Öngörü**, sayı 6, 2005, ss. 29-39.

bağımsızlıklarını ilan etmeleri ve Rusya'nın da bu bölgelere destek verdiği göz önünde bulundurulduğunda Cenevre Süreci'nin çıkmaza girdiği çok açık bir şekilde ortaya çıkmaktadır.

Türkiye'nin Gürcistan'a yaklaşımı, aynı zamanda Güney Kafkasya'daki güç mücadelesinin de bir yansımasıdır. Türkiye, Soğuk Savaş döneminde siyasal anlamda tamamıyla soyutlandığı bu coğrafyada şimdi önüne çıkan fırsatları değerlendirmek istemekte ve bölgeye siyasal, ekonomik ve kültürel anlamda nüfuz ederek Türkiye ile Güney Kafkasya arasında bir ekonomik işbirliği alanı yaratmak istemektedir. Yani Türkiye'nin amacı, bölge halklarının yüzünü döneceği bir çekim merkezi haline gelebilmektir. 2000'li yılların başından beri gündemde tutmaya çalıştığı, Kafkasya İstikrar ve İşbirliği Platformu önerisi,[120] Türkiye'nin bölgeye yönelik dış politika anlayışını yansıtmaktadır. Güney Kafkasya'ya olan yaklaşım, Türkiye'nin Geniş Karadeniz Havzası'na olan genel yaklaşımının bir alt kümesini oluşturmaktadır. Nitekim Türkiye'nin asıl amacı, Rusya'nın da içerisinde bulunacağı ve KEİT tarafından şekillendirilecek geniş çaplı bir bölgesel işbirliği kurumsallaşması oluşturabilmektir.

NATO'nun Barış İçin Ortaklık Programı çerçevesinde Gürcü Ordusu'nun NATO standartlarına ulaşabilmesi anlamında Türk Ordusu'nun önemli bir işlev gördüğünü de söyleyebiliriz. Gürcü Ordusu'nun modernize edilmesi anlamında, ABD'nin ve NATO'nun desteği yadsınamaz, ancak Türkiye'nin verdiği taktik ve stratejik destek bu ülkede ordunun yapısının oluşturulabilmesi anlamında kurucu bir unsur niteliğine haizdir.

Gürcistan, Türkiye ile Azerbaycan'ın oluşturmaya çalıştığı siyasi, ekonomik ve kültürel bağların bir parçası haline geldiği için Azerbaycan ile olan ilişkilerini de müttefiklik seviyesine vardırmıştır. Gürcistan'ın güney komşusu olan Ermenistan ile olan ikili ilişkileri, Rusya'nın Gürcistan üzerindeki siyasal baskısına karşın, oldukça soğuk ve kırılgan bir zeminde ilerlerken ve özellikle Cevaheti Bölgesi ile Rusya-Ermenistan Doğalgaz Boru Hattı'nın geleceği gibi muhtemel kriz kaynakları ikili ilişkileri zehirlemeye devam ederken, Gürcistan-Azerbaycan İlişkileri hem siyasi hem de ekonomik anlamda oldukça canlıdır ve sürekli bir gelişim içerisindedir. Bu noktada Türkiye'nin her iki tarafa verdiği destek ve cesaretlendirici tavrın önemli bir rolü olduğu kuşkusuzdur. Türkiye-Gürcistan İlişkileri'ndeki bu olumlu havaya rağmen iki ülke ilişkilerini zehirleyen birtakım siyasi problemler de

[120] Bülent Aras, "Türkiye ve Rusya Federasyonu: Çok Boyutlu Ortaklık" , **SETA Analiz**, sayı 10, Ağustos 2009, s. 14.

bulunmaktadır. Bu problemlerden en önemlileri ise Ahıska Türkleri'nin geri dönüşü ile ilgili yaşanan sıkıntılar ile Gürcistan'ın Türk gemilerine el koyma girişimleridir.

Ahıska Türkleri Meselesi, Gürcistan'ın bağımsızlığı ile ortaya çıkmış bir problem olmamasına karşın, bağımsızlığın elde edilmesinin ardından, Gürcistan sorunun taraflarından biri haline gelmiştir. Ahıska,[121] Gürcistan'ın Türkiye sınırına komşu bir bölgeyi nitelemektedir. 1921 yılında imzalanan Moskova Antlaşması ile Gürcistan Sovyet Cumhuriyeti'ne bağlanan Ahıska Bölgesi'nde, 1920'lerin ikinci yarısından itibaren başlayan inkârcı ve asimilasyonist tutum neticesinde, Ahıska Türkleri siyasi ve kültürel baskı altına alınmış, daha sonra da İkinci Dünya Savaşı devam ederken, Kasım 1944'te Ahıska Bölgesi'nden 115 bin kadar Türk, Kazakistan, Kırgızistan ve Özbekistan topraklarına sürülmüştür. Bu sürgün esnasında ortaya çıkan salgın hastalıklar, soğuk ve açlık neticesinde büyük bir kısmı yaşlı ve çocuklardan oluşan 30-50 bin kadar Ahıska Türkü hayatını kaybetmiştir.[122] Üstelik bu göç hareketi gerçekleştirildiği sırada 40 bin kadar Ahıska Türkü de askerlik hizmetlerini yapmak üzere Sovyet Ordusu'nda silâhaltında bulunuyordu. Ahıska Türkleri'nin sürgün edilmesinin en önemli nedeni, Türkiye sınırında bulunan Ahıska Türkleri'nin Türkiye ile olan bağlarını tamamen koparmak olarak görülebilir. Bunun yanı sıra, Stalin'in, Karadeniz'e çıkış güzergâhını Türklerden temizlemek istemesi de önemli bir sebep olarak görülmelidir.[123]

Ahıska Türkleri kendileri için çıkarılan özel iskân yasasına bağlı olarak yerleştirildikleri Orta Asya'ya uyum anlamında büyük sıkıntılar çekmiş, sağlık sorunları ve açlık ile karşı karşıya kalmışlardır. Üstelik sürgün edildikleri topraklarda yaşayan yerli halk ile de çok yakın bağlar kuramamış ve kendileri için uygulanan sıkıyönetim yasalarının da

[121] Ahıska, Meshet Sıradağları'nın eteklerinde, Türkiye sınırına komşu Ahıska, Apisnza, Adıgün, Ahılkelek ve Ninotsminda topraklarını içerisine alan bir coğrafyayı kapsamaktadır. Ahıska Bölgesi, 16 Mart 1921 tarihli Moskova Antlaşması ile Türkiye sınırlarının dışında kalmış ve daha sonra da Gürcistan Sovyet Sosyalist Cumhuriyeti'ne bağlanmış eski bir Osmanlı toprağını nitelemektedir. SSCB, zorunlu göç uygulamasına girişmeden önce 1926 yılında yapılan nüfus sayımında Ahıska Bölgesi'nde 137 binin üzerinde Türk bulunmaktaydı ve bu Türklerin, Türkiye ile duygusal bağları da koparılabilmiş değildi. Sovyet lideri Joseph Stalin'in Ahıska Türklerini Gürcü kimliğine entegre ederek onları asimile edebilme girişimleri özellikle 1920'lerin ikinci yarısından itibaren hızlanmıştır. Ahıska Türkleri, asimilasyona yönelik uygulamaları kabul etmeyip direnince de çeşitli zorlama tedbirleri ve fiziksel baskı ile bölgeye yönelik Gürcüleştirme girişimleri hayata geçirilmeye çalışılmıştır. Konu ile ilgili daha fazla bilgi için bkz. Fatima Devrisheva, **"Ahıska Türkleri"**, Ankara Üniversitesi SBE Türk Dili ve Edebiyatı Anabilim Dalı Yayınlanmamış Yüksek Lisans Tezi, Ankara, 2006.

[122] Coşkun Topal, "Güney Kafkasya'da İstikrar ve Ahıskalıların Vatana Dönüş Sorunu" , **Turkish Studies**, c. 3, n. 7, Sonbahar 2008, s. 625.

[123] Ibid. , s. 626.

etkisiyle bulundukları bölgelerde tam anlamıyla yabancılaşmışlardır.[124] Ahıska Türkleri için uygulanan zorunlu iskân rejimi, Stalin'in ölmesinin ardından, 1956 yılında kaldırılmıştır. 1979 yılında Gürcistan Sovyet Sosyalist Yönetimi'nin verdiği izinle 1300 kadar Ahıska Türkü'nün Gürcistan'a geri dönmesine izin verilmiştir. Bu dönemde, Ahıska Türkleri'nin yoğun olarak yaşadığı Özbekistan'da meydana gelen Fergana Olayları neticesinde Özbekler ile Ahıskalılar arasındaki gerginliğin doruk noktasına varması sonrasında Ahıska Türkleri'nin çok büyük bir bölümü Azerbaycan ve *Krasnodar* (Rusya)'a göç etmek mecburiyetinde kalmıştır.

Bağımsızlık sonrası dönemde, Eduard Shevardnadze, Gürcistan'ın içerisinde bulunduğu durumun Ahıska Türkleri'nin vatanlarına dönmesi için uygun olmadığını belirterek bir süreliğine de olsa bu meseleyi soğutmuştur. Ne var ki, Aralık 1996'da alınan bir karar ile 5 bin Ahıska Türk'ünün geri dönmesi sağlanmıştır. Gürcistan'ın Ahıska Meselesi ile imtihanı, bu ülkenin 1999 yılında Avrupa Konseyi'ne üye olmak için yaptığı başvuru ile çok farklı bir mecraya taşınmıştır. Zira Avrupa Konseyi, SSCB döneminde Gürcistan topraklarından göç ettirilen Ahıska Türkleri'nin geri dönüşüne izin verilmesini, Gürcistan vatandaşlığına kabul edilmelerini ve onların topluma entegre olmasını sağlayacak yasalar çıkarılmasını istemiştir.[125] Avrupa Konseyi, Ahıska Türklerine ilişkin Gürcü Hükümeti'nin çıkaracağı entegrasyon yasasının kendi gözetimi altında ortaya koyulacağını da açıklamıştır. Konsey, Gürcistan'ın üyeliğe kabulünden itibaren 12 yıllık bir süreç içerisinde, talep eden tüm Ahıska Türkleri'nin vatanlarına iade edilmesini bir kıstas olarak Gürcü Hükümeti'nin önüne sürmüştür. Ne var ki, Gürcistan'ın Avrupa Konseyi'ne üye olduktan sonra verdiği sözleri uzun bir süre ertelediğini görüyoruz. Bu ertelemenin en önemli sebepleri; ülkenin siyasal ve sosyal anlamda içerisinde bulunduğu karmaşa, ekonomik sıkıntılar, ayrılıkçı istemlerin beslediği Gürcü milliyetçiliğinin toplumda ve iktidar çevrelerinde yaygın kabul görmesi ve 2003 yılında yaşanan Gül Devrimi neticesinde Shevardnadze'nin iktidardan uzaklaştırılması olmuştur. Gürcistan'da iktidara gelen Batı yanlısı ve popülist eğilimleri ağır basan Saakaşvili, Türkiye ile yakın ilişki kurmak istemesine karşın, Ahıska Türkleri'ne ilişkin atılması gereken adımları uzun bir süre geciktirmiştir. Bunun üzerine Avrupa Konseyi tarafından Gürcistan'ın aleyhine olacak şekilde iki karar daha alınmış ve sayıları 400 bine yaklaşan Ahıskalıların 2011 yılının sonuna kadar Gürcistan'a geri dönmelerinin sağlanması

[124] Seyfettin Buntürk, **"20. Yüzyılda Ahıska Türkleri"**, Gazi Üniversitesi Sosyal Bilimler Enstitüsü Yayınlanmamış Doktora Tezi, Ankara, 2005.
[125] Mehmet Akif Kütükçü, "Uluslararası Hukuk Çerçevesinde Ahıska Türklerinin Anavatanlarına Dönüş Sorunu" , **Selçuk Üniversitesi Sosyal Bilimler Enstitüsü Dergisi**, n. 13, 2005, ss. 271-284.

talep edilmiştir.[126] Gürcistan, bu talep üzerine 2007 yılında bir yasa çıkarmış ve Ahıskalıların dönüşlerine izin verildiğini belirtmiştir. Ne var ki, Gürcü Yönetimi, Ahıskalıların sosyal, siyasal ve bireysel hak ve ödevlerine ilişkin herhangi bir düzenleme yapmadığı için bugüne kadar Ahıska Türkleri'nin Gürcistan'a dönüş konusunda oldukça yavaş hareket ettiğini görüyoruz. Türkiye, bu noktada Gürcistan ile istişarelerde bulunmasına karşın, çok önemli siyasal ve ekonomik sorunları olan Gürcistan, Ahıska Türkleri'nin toplumsal statüsüne ilişkin çalışmalar yapmayı sürekli olarak ertelemekte ve bu durum da iki ülke arasında sıkıntılar yaşanmasına neden olmaktadır.

Gürcistan ile müttefiklik seviyesinde yürütülmekte olan ikili ilişkilerin gerginleşmesine neden olan bir diğer konu da, Gürcistan'ın, Karadeniz'de seyir halinde olan Türk gemilerine Abhazya ile ticaret yaptıkları ya da Gürcistan karasularında yasadışı balıkçılık faaliyetlerinde bulundukları gerekçesiyle el koymasıdır.[127] Aslında bu durum Gürcistan'ın yalnızca Türkiye'ye özgü olarak uygulamaya koyduğu bir politika değildir. Zira Gürcistan, özellikle Abhazya ile ticari ilişkilerde bulunan tüm devletlerin gemilerine karşı aynı tutumu izlemektedir. Ne var ki, Rusya ve Türkiye bu durumdan en çok zarar gören iki ülke konumundadır.

Bilindiği gibi uluslararası hukuk, gemilere el konması uygulamasının çok sınırlı hallerde geçerli olabileceğini belirtmektedir. Hatta genel kabul gören husus, yerel ya da uluslararası olsun belli bir finansal ödeme karşılığında gemi ve mürettebatının serbest bırakılmasıdır. Ödeme yapılmasına rağmen gemi ve mürettebatı serbest bırakmayan ülke aleyhine dava açılabilmektedir. Gürcistan, tüm devletlerde olduğu gibi kendi iç sularında mutlak bir egemenliğe sahiptir. Yani kendi kanunlarına aykırılık görürse iç sularında yabancı gemileri durdurabilir. Ancak Birleşmiş Milletler Deniz Hukuku Sözleşmesi (BMDHS)'ne göre hiçbir devletin açık denizlerde egemenlik yetkisi ileri sürme hakkı yoktur. Yani Gürcistan, yabancı devletlerin gemilerini ancak kendi iç sularında durdurabilir. Bunun yanı sıra Birleşmiş Milletler Deniz Hukuku Sözleşmesi'ne göre karasuları söz konusu olduğunda da ülkelerin yetkileri daralmaktadır. Uluslararası hukukta kabul gören zararsız geçiş hakkı nedeniyle Gürcistan'ın, karasularından zararsız geçiş yapmakta olan ticaret gemilerini durdurup alıkoyma yetkisi bulunmamaktadır. Bir ülke ancak gümrük, maliye, sağlık, kaçakçılık gibi sebeplerle karasularından geçen gemileri durdurma yetkisine sahiptir. Karasularından geçiş yapmakta olan bir gemi o ülkenin barışına ve güvenliğine zarar

[126] Topal, "Güney Kafkasya'da…" , s. 628.
[127] Punsmann ve Başkan, "Karadeniz'in…" , s. 5.

vermiyorsa yukarıda saydığımız nedenler dışında durdurulamaz. Dolayısıyla Gürcistan'ın bu kriterlere uygun hareket etmesi gerekmektedir. Bu yetkiler, münhasır ekonomik bölge söz konusu olduğunda daha da daralmaktadır. Bu bölgede ancak canlı kaynakların ve minerallerin araştırılması, işletilmesi ve korunması gibi yetkiler söz konusu olabilmektedir. Uluslararası deniz hukukunda sınırlı bir şekilde kabul gören gemiye el koyulması uygulaması sonrasında bayrak devletini uygulamadan haberdar etmek bir zorunluluktur. Gürcistan, uluslararası deniz hukukunda belirtilen haller içerisinde bir gemiye el koyduğu an, belli bir finansal güvence karşılığında gemi ve mürettebatı serbest bırakmayı kabul edeceğini de ortaya koymuş olmaktadır. Ödeme yapılmasına karşın gemi ve mürettebat serbest bırakılmıyorsa, bayrak devletinin konuyu yargıya götürme yetkisi vardır. Ne var ki, bu yetki ancak Birleşmiş Milletler Deniz Hukuku Sözleşmesi'ne imza atan devletler için geçerlidir. Türkiye'nin bu sözleşmeye taraf olmaması Gürcistan'ın el koyduğu Türk bayraklı gemilere istediği şekilde muamelede bulunmasını sağlamaktadır. Türk şirketleri tarafından işletilen ancak Türk bayrağı taşımayan ve Birleşmiş Milletler Deniz Hukuku Sözleşmesi'ne taraf devletlerin bayrağını taşıyan gemiler söz konusu olduğunda ise çözüm kolaylaşmaktadır, zira bu gemiler için uyuşmazlık mahkemesine başvurma hakkı bulunmaktadır.[128]

Bu kriterlerin varlığına karşın Gürcistan'ın Abhazya'ya uygulanan ambargoyu öne sürerek uluslararası sularda dahi gemilere el koymayı sürdürmektedir. Bu uygulamadan en çok etkilenen ülke de BM Deniz Hukuku Sözleşmesi'ne taraf olmayan Türkiye olmaktadır. Türk Dışişleri bu sorunun hallolması için ciddi bir çaba sarf etmesine karşın birçok Türk gemisine el konduğunu ve müzayede yapılarak satıldığını biliyoruz. Aynı şekilde bu gemilerin mürettebatı da Gürcü makamları tarafından alıkonulmuştur. Son dönemde bu sorunun üstesinden gelebilmek için Türkiye ile Gürcistan arasında oldukça yoğun bir görüşme trafiği yürütülmektedir. Hatta bu görüşme trafiğinin olumlu sonuçlandığını ve alıkonulan Türk gemilerinin ve mürettebatın serbest bırakıldığını görmekteyiz. Bu müspet gelişmelere karşın, Türkiye ile Abhazya arasındaki yıllık 100 milyon doları aşan ticaretin sona erdirilmesi mümkün değildir ve Abhazya Sorunu'na makul bir çözüm bulunmadığı sürece Gürcistan ile Türkiye arasındaki gemi krizinin sürmesi beklenmelidir.[129]

---

[128] Jale Nur Ece, "Uluslararası Deniz Hukuku'nda Kıyı Devletinin Gemilere El Koyma Yetkisinin Sınırları", **ORSAM**, Rapor No. 28, Şubat 2011, ss. 23-25.
[129] Hasan Kanbolat, "Gürcistan Elindeki Türk Gemilerini Bırakıyor", **ORSAM**, Aralık 27, 2010, (Çevrimiçi), http://www.orsam.org.tr/tr/yazigoster.aspx?ID=1354 , 18 Mayıs 2011.

### 4.2. Ekonomik İşbirliği

Gürcistan'ın, Soğuk Savaş döneminde oluşturulan iktisadi bağımlılık ilişkisi nedeniyle Rusya'ya muhtaç bir ekonomik ve ticari seyir izlemesi, Türkiye'nin bu ülkeye yönelik ekonomik ilişkilerden beklediği verimi tam olarak alamamasına neden olmaktadır.[130] Rusya'nın Güney Kafkasya Bölgesi'ndeki siyasi ve ekonomik nüfuzunu devam ettirebilmek ve başka aktörlerin bu bölgeye girişine izin vermemek amacıyla bölge genelinde sürekli bir güvenlik sorunu yaratmaya çalışması, istikrar arayan uluslararası sermaye ile birlikte, kar marjlarının azalacağını düşünen Türk yatırımcılarının da Gürcistan'a yatırım yapmalarına mani olmaktadır.[131] Ne var ki, son yıllarda Türk yatırımcıların Gürcistan özelindeki çekingenliklerinden kurtulduklarını ve bu ülkeye büyük çaplı yatırımlar yapmaya başladıklarını görüyoruz. Bu değişim, Gürcistan'ın Rusya'dan uzaklaştığı ve yüzünü tamamıyla Avro-Atlantik Dünyası'na çevirdiği Gül Devrimi'nden sonra başlamıştır.

Türkiye ile Gürcistan ortak kara sınırına sahip ülkeler olmalarına ve tarih boyunca ciddi bir ticari etkileşim içerisinde bulunmuş olmalarına rağmen, iki ülke arasındaki ekonomik ve ticari ilişkilerin boyutu henüz olması gereken düzeye ulaşamamıştır. Bunun en önemli nedeni, Gürcistan'daki siyasal ve ekonomik istikrarın bir türlü sağlanamamış olması ve bu ülkenin, Sovyet tarzı ekonomik yapılanmadan pazar ekonomisine geçişte oldukça gecikmiş olmasıdır. Türkiye ile Gürcistan arasındaki ekonomik ve ticari ilişkilerin yasal çerçevesi 1990'lı yıllarda oluşturulmuştur. 1992 tarihli "Ticaret ve Ekonomik İşbirliği Antlaşması", yine aynı yıl imzalanmış "Yatırımların Karşılıklı Teşviki ve Korunma Antlaşması" ve 1997 tarihli "Çifte Vergilendirmeyi Önleme Antlaşması" , iki ülke arasında kurulmaya çalışılan ticari köprünün ayaklarını oluşturmaktadır. 1999 yılından itibaren Gürcistan'a tahsis edilmiş olan Eximbank Kredileri de Türkiye'nin Gürcistan'ın ekonomik gelişimine yaptığı katkıyı ortaya koyan bir diğer unsurdur.[132] 1990'lı yılların başında, bavul ticareti şeklinde başlayan Türkiye-Gürcistan ticari ilişkileri, 1990'ların sonu ve 2000'li yılların başından itibaren yapılan yeni düzenlemeler ile normal bir ithalat-ihracat işleyişine kavuşmuştur.

Türkiye ile Gürcistan arasındaki ticaret hacmi, diplomatik ilişkilerin tesis edildiği 1992 yılından bu yana sürekli artmaktadır ve özellikle 2000 sonrası oldukça keskin bir artış

---

[130] Gül Turan ve İlter Turan, "Türkiye'nin Diğer Türk Cumhuriyetleri ile İlişkileri" , **Türk Dış Politikasının Analizi,** Faruk Sönmezoğlu (Der.), İstanbul, Der Yayıncılık, 2004, s. 768.
[131] Sapmaz, **"Rusya'nın..."** , s. 304.
[132] Mert, **"Türkiye'nin Kafkasya..."**, s. 254.

trendine girdiği söylenebilir. Türkiye, Gürcistan'a ağırlıklı olarak sanayi malları, gıda ürünleri ve inşaat malzemeleri gönderirken, hammadde, tarım ürünleri ve kereste gibi mamulleri ithal etmektedir. Son yıllarda Türkiye'nin Gürcistan'dan ithal ettiği demir-çelik ürünlerinde artış yaşanması, karşılıklı ticarette Türkiye aleyhine ticaret açığı oluşması ihtimalini kuvvetlendirmektedir.

İki ülke arasındaki ulaşım ağının güçlendirilmesi için son dönemde çok ciddi bir atak başlatılmıştır. Türkiye-Gürcistan Sınırı'nda yer alan Sarp[133] Sınır Kapısı'nda gerçekleştirilen yenileştirme çalışmaları ve iki ülke vatandaşlarının sınır kapısından nüfus cüzdanlarını göstererek geçebilmelerini sağlayan uygulamanın 31 Mayıs 2011 tarihi itibarı ile yürürlüğe girmiş olması oldukça önemlidir. Sarp ve Türkgözü[134] Kapıları'na ilaveten Çıldır-Aktaş Bölgesi'nde temeli atılacak olan yeni sınır kapısı da iki ülke arasındaki ticaretin ilerletilebilmesine önemli bir katkı sunacaktır. Türkiye ile Gürcistan arasındaki ticaretin %90'ının karayolu ile yapıldığı düşünülürse, bu sınır kapılarının ne kadar önemli olduğu anlaşılabilecektir. Türkiye ve Gürcistan, bu sınır kapılarında yakın bir zamanda yürürlüğe sokmayı planladıkları "ortak kapı modeli" uygulaması ile de ekonomik kayıplara ve gecikmelere neden olan formaliteleri azaltmayı ve işlemler için harcanan zamanı da asgariye indirmeyi planlamaktadır.[135] Bir Türk Şirketi tarafından inşa edilen ve iki ülkenin ortak kullanımına açık olan Batum Havaalanı, iki ülke arasındaki ticari işbirliğinin ne denli ileri boyutlara vardığını göstermesi bakımından çarpıcı bir örnek teşkil etmektedir.

Bugün itibarıyla Gürcistan'ın birinci ticaret ortağı Türkiye'dir. Türkiye, Gürcistan'daki tüm yabancı yatırımcılar arasında da üçüncü sırada yer almaktadır ve Gürcistan'daki Türk yatırımcıların sayısı enerji, ulaştırma ve inşaat sektörleri başta olmak üzere sürekli bir artış içerisindedir. 2002 yılında 240 milyon dolar olan Türkiye-Gürcistan arasındaki ticaret hacmi ise 2011 itibarıyla 1 milyar doları aşmıştır.[136]

Türk ve Gürcü makamlarının ekonomik işbirliği anlamında önümüzdeki dönemde üzerinde durmayı planladıkları en önemli alanlardan biri de turizmdir. Zira ulaşım imkânlarının iyileştirilmesi, iki ülke arasındaki turist akışını hızlandırdığı gibi Doğu Karadeniz Havzası'nda bölgesel işbirliğinin geliştirilmesi anlamında da farklı bir soluk

---

[133] Gürcüce Sarpi.
[134] Gürcüce muadili Vale Sınır Kapısı'dır.
[135] "Gürcistan'a Kimlikle Girilecek" , **Sabah**, Mayıs 31, 2011, (Çevrimiçi), http://www.sabah.com.tr/Dunya/2011/05/31/gurcistana-kimlikle-girilecek , 31 Mayıs 2011.
[136] "Kimliğini Göster Gürcistan'a Geç" , **NTVMSNBC**, Mayıs 31, 2011, (Çevrimiçi), http://www.ntvmsnbc.com/id/25218438 , 31 Mayıs 2011.

yaratacaktır. Bu noktada, özellikle, Gürcistan'ın Karadeniz sahilinde bulunan şehirlerinin turizm altyapısının geliştirilmesi ve Türk işadamlarının yatırımlarıyla bu bölgede yeni turistik tesisler inşa edilerek dünyanın çeşitli bölgelerinden insanların buraya çekilebilmesi bir hedef olarak belirlenmiştir.

Önümüzdeki dönemde Türk işadamlarının Gürcistan'daki yatırımlarını daha da arttırmaları ve Gürcistan'da başlatılan özelleştirme girişimleri kapsamında satışa çıkarılan kamu teşebbüslerinin artan bir şekilde Türk işadamlarının ve firmalarının eline geçmesi beklenmektedir. Ulaştırma, enerji, turizm ve teknoloji kuruluşları bu anlamda ön planda yer alacaktır.[137] Türkiye, Gürcistan'ın ekonomik kalkınmasına verdiği doğrudan desteğin yanı sıra, bu ülkenin Avro-Atlantik Dünyası'nın ekonomi politikalarına eklemlenmesine ve küresel sermayenin Gürcistan'a yönlendirilmesine de ciddi katkılarda bulunmaktadır. Zaten Gürcü yetkililer de Türk Ekonomisi'nin güçlenmesinin ve Türkiye'nin AB ile ekonomik işbirliğini daha da ileri seviyelere vardırmasının Gürcistan'ın yararına olacağını ve kendilerinin de Türkiye aracılığıyla Batı'nın ekonomik işleyişine dâhil olabileceğini belirtmektedirler.

### 4.3. Askeri İşbirliği

Türkiye'nin Gürcistan'a yönelik yaklaşımı, bu ülkede bir askeri güç veya üs bulundurma amacına yönelik değildir. Türkiye, bu ülkedeki Rus askeri nüfuzunun ortadan kaldırılması ve Gürcistan'ın siyasal kararlarını hiçbir ülkenin baskısı altında kalmadan verebilmesini sağlamak için bu ülkeye askeri destek vermektedir. Türkiye, Gürcistan'ın iç karışıklıklar içerisinde kaldığı dönemlerde dahi, bu ülkenin içişlerine karışmamayı tercih etmiş, Gürcistan'a maddi ve manevi destek vermiştir.[138]

Türkiye, 1996 yılından itibaren Gürcistan'a askeri yardımda bulunmaya başlamıştır. Bu kapsamda Gürcistan'a helikopter ve hücum botlar hibe edildiği de bilinmektedir. Türkiye, bir NATO üyesi olarak bu örgütün "barış için ortaklık" programı çerçevesinde Gürcü Ordusu'nun kurulmasına ve eğitimine destek vermiş ve donanım desteği sağlamıştır.[139] Türkiye'nin Kosova'ya gönderdiği askeri birlik içerisinde bulunan Gürcü askerleri bu görev çerçevesinde Türk Ordusu'nun eğitim olanaklarından yararlanma fırsatını bulmuştur.

---

[137] "Dokuzuncu Kalkınma Planı 2007-2013: Dış Ekonomik İlişkiler", **T.C. Başbakanlık Devlet Planlama Teşkilatı**, Yayın No: DPT 2735-ÖİK 686, Ankara, 2007, s. 73.
[138] Mert, **"Türkiye'nin Kafkasya..."**, s. 264.
[139] Zeyno Baran, "Turkey and the Caucasus", **Turkish Foreign Policy in the Post Cold War Era**, İdris Bal (Der.), Florida, Brown Walker Press, 2004.

Türkiye-Gürcistan Askeri İlişkileri Eduard Shevardnadze döneminden bu yana "stratejik ortaklık" seviyesinde bulunmaktadır. Türkiye, Mart 2000'de Gürcistan'da bulunan ve Türkiye topraklarına oldukça yakın olduğu için büyük bir öneme haiz olduğu belirtilen *Marneuli Askeri Havaalanı*'nı onarmış ve iki ülke askeri uçaklarının ortak kullanımına açmıştır.[140] Türkiye'nin Gürcistan'a yaptığı askeri yardımın parasal miktarı da düzenli olarak artmaktadır. Türkiye, 1996 yılından bu yana kara, hava ve deniz olmak üzere Gürcistan Silahlı Kuvvetleri'nin tüm birimlerine silah, teçhizat, eğitim ve koordinasyon anlamında desteğini sürdürmektedir.[141]

Gürcistan, mevcut askeri gücü ile kendi ülkesi içerisinde ya da çevresinde yaşanan çatışmalara etkin bir şekilde müdahale edecek kapasiteye sahip değildir. Ağustos 2008'de yaşanan 5 günlük Rusya-Gürcistan Savaşı esnasında Rus Ordusu'nun Tiflis yakınlarına kadar gelmiş olması ve Gürcü Limanları'nın abluka altına alınması bu durumu açıkça ortaya koymaktadır. Bu nedenle, Türkiye'nin desteğine ihtiyaç duymaktadır. Zira Türkiye, sahip olduğu askeri güç ve son dönemde Rusya ile kurduğu müttefiklik ilişkileri aracılılığıyla bu ülkenin Gürcistan üzerindeki siyasi ve askeri emellerinin önüne biraz olsun set çekebilme kapasitesine sahiptir. Türkiye'nin aynı zamanda NATO'nun en önemli üyelerinden biri olması da Gürcistan için oldukça önemli bir avantaj teşkil etmektedir. Bu bağlamda Türkiye, Gürcü Ordusu'nu eğitmekte ve silah-teçhizat anlamında güçlendirmektedir. Türkiye'nin eğittiği, kurguladığı ve yapılandırdığı bir ordu her anlamda Türkiye'nin etkisine açık bir hale gelecektir. Şüphesiz bu durum, Türkiye'nin Gürcistan özeli ve Güney Kafkasya genelindeki nüfuzunu da arttıracaktır.

## Sonuç

Türkiye-Gürcistan İlişkileri, Gürcistan topraklarında beliren iç çatışmalar ve siyasal istikrarsızlık nedeniyle gecikmeli olarak başlamıştır. Gamsahurdiya önderliğindeki Gürcü milliyetçilerinin iktidardan indirilmesi ve onun yerini Eduard Shevardnadze gibi deneyimli ve denge yanlısı bir ismin almış olması, Türkiye-Gürcistan İlişkileri'nin müttefiklik çizgisine oturmasında önemli bir rol oynamıştır. Nitekim 1990'ların ortalarından bu yana, iki ülke ilişkilerinde gerginlik yaratan ufak çaplı gelişmelerin dışında herhangi bir problem yaşanmış

---

[140] Figen Tavil Alsırt, **"Bağımsızlık Sonrası Gürcistan'ın Yeniden Yapılanması ve Bu Süreçte Türkiye ile İlişkileri"**, Atılım Üniversitesi Sosyal Bilimler Enstitüsü Yayınlanmamış Yüksek Lisans Tezi, Ankara, 2009, s. 123.

[141] "Türkiye-Gürcistan Askeri İlişkileri", **USAK Stratejik Gündem**, Mart 25, 2008, (Çevrimiçi), http://www.usakgundem.com/haber/18584/t%C3%BCrkiye-g%C3%BCrcistan-askeri-iliskileri.html, 1 Haziran 2011.

değildir. Öyle ki, Gürcistan'da 2003 yılında yaşanan kırılma dahi Türk-Gürcü İlişkileri'nin aleyhine değil lehine olmuştur.

Türkiye, SSCB'nin dağılması sonrası önünde beliren bölgesel liderlik elde edebilme fırsatını 1990'lar boyunca izlediği tek yönlü dış politika anlayışı nedeniyle yeterince kullanamamıştır. Zira 1990'ların başında özellikle Kafkasya, Orta Asya ve Balkanlar coğrafyalarına odaklanan ve "Adriyatik'ten Çin Seddi'ne" söyleminde ifadesini bulan çok yönlü dış politika izleyebilme stratejisi, 1990'ların ikinci yarısından itibaren ortadan kaybolmuş ve Türk Dış Politikası, 1960'lardan bu yana devam eden Avrupa'ya siyasal ve anlamda eklemlenebilme anlayışına takılıp kalmıştır. Türk Dış Politikası'nı yönlendirenlerin bu noktada üzerinde durmadıkları en önemli mesele, komşu coğrafyalarla müttefiklik ilişkisi içerisinde olabilmenin ne kadar önemli bir stratejik tercih olduğudur. Zira Türkiye'nin kendisine komşu coğrafyalar ve ülkeler ile anlaşmazlık içinde olması, Avrupa ile ilişkilerin geliştirilebilmesinin önündeki en önemli engellerden biri olmuştur. Türkiye, bu gerçekliği ancak 2000 sonrası dönemde kavrayabilmiş ve kendisi ile tarihsel, kültürel ve sosyal bağları bulunan komşu coğrafyalar ile yakınlaşabilme yönündeki dış politika inisiyatifine bir şans tanımıştır. Bu durum, bölgesel liderlik hedefinin yeniden altını çizmiş olsa da, işlerin çok daha zor olduğu ve özellikle 1990'ların başındaki güçsüz ve ürkek Rusya profilinin artık söz konusu olmaması nedeniyle Türkiye'nin Karadeniz Havzası ve Güney Kafkasya'da işinin çok daha zor olduğu üzerinde durulması gereken bir gerçekliktir.

İki ülke ilişkilerinin bu denli olumlu seyretmesinde dış politika anlayışının dışında bazı gerçekliklerin de olumlu birer dışsallık oluşturduğu yadsınamaz. Konuya bu yönden yaklaştığımız zaman küresel ve bölgesel dengelerin etkisine odaklanmamız gerekmektedir. Türkiye'nin Orta Asya-Hazar enerji kaynaklarının Batı'ya aktarılmasında rol oynayarak, hem AB nezdindeki itibarını arttırmak hem de kendi enerji ihtiyacını karşılayacak karlı projelerin içerisinde bulunmak istemesi, Güney Kafkasya'da Rusya'nın siyasal ve ekonomik üstünlüğünün dengelenebilmesi hedefiyle birleştiğinde, Gürcistan'ın Türkiye açısından ne kadar değerli bir müttefik olduğu ortaya çıkmaktadır. Zira Türkiye'nin Azerbaycan ile kurduğu enerji ve ticaret köprüsünü harekete geçirebilmek için Gürcistan'a ihtiyacı vardır. Ermenistan ile yaşanan problemler, Türkiye-Azerbaycan İşbirliği'nin içerisine Gürcistan'ın da katılmasını zorunlu kılmaktadır. Türkiye'nin Azerbaycan ile kurduğu siyasal ve ekonomik ilişkiler, bu ülkenin Rus baskısından önemli ölçüde kurtulabilmesini sağladığı ve bu ülkenin ekonomik gelişiminin motoru konumunda olan enerji kaynaklarının Avrupa'ya satışı noktasında seçenekleri çoğalttığı için çok değerlidir. Bu bağın kopmaması için hem Türkiye hem de Azerbaycan, Gürcistan'a değer vermek ve bu ülke ile müttefiklik ilişkilerini daha da derinleştirmek mecburiyetindedir. Bakü-Tiflis-Ceyhan, Bakü-Tiflis-Erzurum ve inşa edilmesi planlanan TANAP projeleri ile Bakü-Tiflis-Kars Demiryolu, bu ilişkinin sağlıklı temeller üzerine oturtulmaya çalışıldığını gösteren birer karşılıklı bağımlılık unsurlarıdır.

Türkiye ile kurulmuş olan müttefiklik bağı Gürcistan için de çok önemlidir. Zira Türkiye'nin, Rusya baskısı altında bulunan Gürcistan'a verdiği siyasal, askeri ve ekonomik destek bu ülkenin biraz olsun nefes almasına ve Türkiye üzerinden Batı'ya açılabilmesine olanak sağlamaktadır. Bunun yanı sıra Gürcistan, Türkiye ile Azerbaycan'ın oluşturduğu enerji ve ticaret eksenli bloğa da dâhil olarak bölgeye sıkışıp kalmaktan kurtulmaktadır. Türkiye'nin Gürcistan'daki ayrılıkçı bölgelere destek vermemesi ve Gürcistan'ın toprak bütünlüğünden yana olması, bu ülke için çok önemlidir. Gürcistan, Soğuk Savaş sonrası Avro-Atlantik Dünyası ile ilişkilerini geliştirebilmek için AB adayı ve NATO üyesi Türkiye'nin yarattığı diplomatik temas alanını kullanmış, Türkiye Gürcistan'ı bu ittifakın kurumlarına yakınlaştırabilmek için ciddi bir çaba göstermiştir.

Türkiye-Gürcistan İlişkileri'nin, genel olarak çok iyi bir seviyede seyrettiği ve model ortaklık aşamasına ulaştığı söylenebilir. Ne var ki, iki ülke arasında sorun yaratan ve gerginliğin dozunu yükselten problemler de bulunmaktadır. Gürcistan'ın, Karadeniz'in uluslararası sularında ticaret amaçlı olarak seyreden ve Abhazya'ya insani yardım götüren Türk gemilerine el koyması ve gemi mürettebatını tutuklaması girişimleri iki ülke ilişkilerinin gerilmesine neden olmaktadır. Son dönemde bu sorunun çözümü noktasında olumlu gelişmelerin yaşandığı söylenebilecekse de, Gürcistan'ın mevcut tutumunu değiştirmemesi halinde bu problemin süreklilik arz edeceği de ortadadır. Bunun yanı sıra, Gürcistan'ın SSCB döneminde zorunlu göçe tabi tutulan ve topraklarına dönmek isteyen Ahıska Türkleri'nin dönüşünün önüne engeller koymaya çabalaması, iki ülke ilişkilerini baltalama kapasitesine sahip önemli bir sorunun varlığına işaret etmektedir.

Karadeniz Havzası'nı ilgilendiren dramatik bir değişim yaşanmadığı sürece Türkiye-Gürcistan İlişkileri'nin mevcut olumlu seyrinin sürmesi beklenmelidir. İki ülke ilişkilerinin gidişatını etkileyecek en önemli unsurlar ise Avro-Atlantik Dünyası'nın genel olarak Karadeniz, özel olarak da Güney Kafkasya'ya olan yaklaşımı ile Rusya'nın bu yaklaşıma vereceği reaksiyon, Güney Kafkas Cumhuriyetleri'nin birbirleri ile olan ilişkilerinin gelişim seyri ile Türkiye-Ermenistan İlişkileri'nde statükonun bozulması olacaktır.

## Kaynakça

"6 Şirket Gürcistan'a 2 Milyar Dolar Yatıracak Elektrik Avrupa'ya Gidecek" , Mayıs 23, 2010, (Çevrimiçi), http://www.yapi.com.tr/Yazdir/Haber.aspx?HaberID=79654 , 27 Mart 2010.

"Armen Movsisyan: Gürcistan'dan Ermenistan'a Gelen Doğalgaz Boru Hattı Satılmayacak" , **1News**, Eylül 17, 2010, (Çevrimiçi), http://www.1news.com.tr/guneykafkasya/ermenistan/20100917102129290.html , 6 Nisan 2011.

"Black Sea Synergy-A New Regional Cooperation Initiative" , **Commission of the European Communities**, Nisan 11, 2007, (Çevrimiçi), http://ec.europa.eu/world/enp/pdf/com07_160_en.pdf , 3 Mayıs 2011.

"Dokuzuncu Kalkınma Planı 2007-2013: Dış Ekonomik İlişkiler" , **T.C. Başbakanlık Devlet Planlama Teşkilatı**, Yayın No: DPT 2735-ÖİK 686, Ankara, 2007.

"Gürcistan AB'yle Ortaklık Yolunda" , **EurActiv**, Temmuz 19, 2010, (Çevrimiçi), http://www.euractiv.com.tr/genisleme/article/grcistan-abyle-ortaklk-yolunda-011206 , 3 Mayıs 2011.

"Gürcistan'a Kimlikle Girilecek" , **Sabah**, Mayıs 31, 2011, (Çevrimiçi), http://www.sabah.com.tr/Dunya/2011/05/31/gurcistana-kimlikle-girilecek , 31 Mayıs 2011.

"Gürcistan'daki Ahılkelek Üssü Boşaltıldı" , **Zaman**, Haziran 28, 2007, (Çevrimiçi), http://www.zaman.com.tr/haber.do?haberno=557179&bolgeno=372 , 6 Nisan 2011.

"Kimliğini Göster Gürcistan'a Geç" , **NTVMSNBC**, Mayıs 31, 2011, (Çevrimiçi), http://www.ntvmsnbc.com/id/25218438 , 31 Mayıs 2011.

"Pasaport Dönemi Sona Eriyor" , **Stratejik Boyut**, Mayıs 15, 2011, (Çevrimiçi), http://www.stratejikboyut.com/haber/pasaport-donemi-sona-eriyor--53417.html , 15 Mayıs 2011.

"Russia Extends Lease on Military Base in Armenia through 2044", **RIA Novosti**, 20 Ağustos 2010, (Çevrimiçi), http://en.rian.ru/mlitary_news/20100820/160276128.html , 22 Mart 2011.

"Türkiye-Gürcistan Askeri İlişkileri", **USAK Stratejik Gündem**, Mart 25, 2008, (Çevrimiçi), http://www.usakgundem.com/haber/18584/t%C3%BCrkiye-g%C3%BCrcistan-askeri-iliskileri.html , 1 Haziran 2011.

"World Factbook", **CIA**, (Çevrimiçi), https://www.cia.gov/library/publications/the-world-factbook/geos/gg.html , 23 Mart 2011.

"World Factbook", **CIA**, (Çevrimiçi), https://www.cia.gov/library/publications/the-world-factbook/geos/gg.html , 26 Mart 2011.

"World Factbook", **CIA**, (Çevrimiçi), https://www.cia.gov/library/publications/the-world-factbook/geos/gg.html , 27 Mart 2011.

Ağacan, Kamil: "Ermenistan-Gürcistan İlişkileri", **Ermeni Araştırmaları**, sayı 19, Sonbahar 2005.

Alsırt, Figen Tavil: **"Bağımsızlık Sonrası Gürcistan'ın Yeniden Yapılanması ve Bu Süreçte Türkiye ile İlişkileri"**, Atılım Üniversitesi Sosyal Bilimler Enstitüsü Yayınlanmamış Yüksek Lisans Tezi, Ankara, 2009.

Aras, Bülent ve Özbay, Fatih: "Türkiye ve Ermenistan: Statüko ve Normalleşme Arasında Kafkasya Siyaseti", **SETA Analiz**, sayı 12, Ekim 2009.

Aras, Bülent: "Türkiye ve Rusya Federasyonu: Çok Boyutlu Ortaklık", **SETA Analiz**, sayı 10, Ağustos 2009.

Aslan, Cahit: "Türk-Rus-Gürcü İlişkilerinin Merkezindeki Ülke: Abhazya", **Akademik Bakış**, sayı 16, Nisan 2009, ss. 1-13.

Bal, İdris: "Türk Cumhuriyetlerinde Milletleşme Süreci ve İç ve Dış Politikaya Etkisi", **Avrasya Etütleri**, sayı 20, Yaz 2001.

Bal, İdris: "Türkiye-Ermenistan İlişkileri", İdris Bal (Der.), **21.Yüzyılda Türk Dış Politikası**, Ankara, Nobel Yayıncılık, Ocak 2004.

Baran, Zeyno: "The Baku-Tbilisi-Ceyhan Pipeline: Implications for Turkey" , **The Baku-Tbilisi-Ceyhan Pipeline: Oil Window to the West**, Frederick Starr ve Svante E. Cornell (Der.), Washington, Central Asia&Caucasus Institute, 2005, ss. 103-118.

Baran, Zeyno: "Turkey and the Caucasus" , **Turkish Foreign Policy in the Post Cold War Era"** , İdris Bal (Der.), Florida, Brown Walker Press, 2004.

Buntürk, Seyfettin: **"20. Yüzyılda Ahıska Türkleri"**, Gazi Üniversitesi Sosyal Bilimler Enstitüsü Yayınlanmamış Doktora Tezi, Ankara, 2005.

Cemilli, Elnur: **"ABD'nin Güney Kafkasya Politikası"** , İstanbul, IQ Kültür Sanat Yayıncılık, 2007.

Cornell, Svante E. : **"Small Nations and Great Powers: A Study of Ethnopolitical Conflict in the Caucasus"** , Surrey, Curzon Press, 2001.

Çakmak, Cenap: "Rusya'nın Güney Osetya Politikası, Neo-Self Determinasyon ve UCM'nin Rolü" , **Bilge Strateji**, c. 1, sayı 1, Güz 2009, ss. 51-70.

Çelikpala, Mitat: "Gürcistan'ın Yeni Abhazya-Güney Osetya Açılımı" , **KAFSAM**, Politika Notu 1001, 7 Ocak 2010.

Çelikpala, Mitat: "Kafkasya'da Neler Oluyor?" , **KAFSAM Tartışma Metinleri**, n. 0901, Ankara, Nisan 2009.

Çelikpala, Mitat: "Kuzey Kafkasya'da Anlaşmazlıklar, Çatışmalar ve Türkiye" , Mustafa Aydın ve Çağrı Erhan (Der.), **Beş Deniz Havzasında Türkiye**, Ankara, Siyasal Kitabevi, 2006.

Çetin, Tamer: "Orta Asya ve Kafkaslar'da Enerjinin Politik Ekonomisi" , **Enerji, Piyasa ve Düzenleme**, c. 1, sayı 1, 2010, ss. 76-100.

Çolakoğlu, Selçuk: "Türkiye-Gürcistan İlişkileri" , **Stratejik Öngörü**, sayı 6, 2005, ss. 29-39.

Davutoğlu, Ahmet: **"Stratejik Derinlik"** , İstanbul, Küre Yayıncılık, 2009.

Dekanozishvili, Mariam: "The EU in the South Caucasus: By What Means to What Ends?", **Georgian Foundation for Strategic and International Studies**, Occasional Paper, sayı 2, 2004, (Çevrimiçi), http://www.gfsis.org/publications/93.pdf, 4 Mayıs 2011.

Demir, Ali Faik: **"Türk Dış Politikası Perspektifinden Güney Kafkasya"**, İstanbul, Bağlam Yayınları, 2003.

Demirağ, Yelda: "Bağımsızlıktan Kadife Devrime Türkiye-Gürcistan İlişkileri", **Uluslararası İlişkiler**, c. 2, no. 7, 2005.

Demirtepe, M. Turgut: **"Orta Asya ve Kafkasya Güç Politikası"**, Ankara, USAK Yayınları, 2008.

Devrisheva, Fatima: **"Ahıska Türkleri"**, Ankara Üniversitesi SBE Türk Dili ve Edebiyatı Anabilim Dalı Yayınlanmamış Yüksek Lisans Tezi, Ankara, 2006.

Doğan, Sercan: "Ekonomik İşbirliği Teşkilatı: 21.Yüzyılda Tarihi İpek Yolunu Canlandırma Çabaları", **Ortadoğu Analiz**, c. 3, sayı 26, Şubat 2011, ss. 63-70.

Ece, Jale Nur: "Uluslararası Deniz Hukuku'nda Kıyı Devletinin Gemilere El Koyma Yetkisinin Sınırları", **ORSAM**, Rapor No. 28, Şubat 2011.

Elma, Fikret: "Küreselleşme Sürecinde Güney Kafkasya Demokrasi, Güvenlik ve İşbirliği Sorunu", **Uluslararası Sosyal Araştırmalar Dergisi**, c. 6, n. 2, Kış 2009, ss. 195-206.

Ertan, Fikret: "Gürcistan'daki Rus Üsleri", **Zaman**, 1 Temmuz 2007.

Gaddis, John Lewis: **"Soğuk Savaş: Pazarlıklar, Casuslar, Yalanlar, Gerçek"**, İstanbul, Yapı Kredi Yayıncılık, Aralık 2008.

German, Tracey C. : "Visibly Invisible: EU Engagement in Conflict Resolution in the South Caucasus", **European Security**, c. 16, sayı 3-4, 2007.

German, Tracey G. : "Corridor of Power: The Caucasus and Energy Security", **Caucasian Review of International Affairs**, c. 2, n. 2, 2008, ss. 64-72.

Hatipoğlu, Esra: "Avrupa Komşuluk Politikası'nın Güney Kafkasya Boyutu", **Değişen Dünya Düzeninde Kafkasya**, Okan Yeşilot (Der.), İstanbul, İstanbul Kitabevi, 2005.

Jawad, Pamela: "Democratic Consolidation in Georgia After The Rose Revolution" , **Peace Research Institute Frankfurt**, Report No: 73, 2005, ss. 32-37.

Jones, Stephen F. : "Georgia: The Trauma of Statehood" , Ian Bremmer, Ray Taras (Der.), **New States, New Politics: Building the Post Soviet Nations**, New York, Cambridge University Press, 1997.

Jones, Stephen: "The Role of Cultural Paradigms in Georgian Foreign Policy" , **Journal of Communist Studies and Transition Politics**, c. 19, n. 3, ss. 83-110.

Kanbolat, Hasan: "Gürcistan Elindeki Türk Gemilerini Bırakıyor" , **ORSAM**, Aralık 27, 2010, (Çevrimiçi), http://www.orsam.org.tr/tr/yazigoster.aspx?ID=1354 , 18 Mayıs 2011.

Kantarcı, Hakan: **"Kıskaçtaki Bölge Kafkasya"** , İstanbul, IQ Kültür Sanat Yayıncılık, 2006.

Karabayram, Fırat: **"Rusya Federasyonu'nun Güney Kafkasya Politikası"** , Ankara, Lalezar Kitabevi, 2007.

Kasım, Kamer: "The August 2008 Russian-Georgian Conflict and its Implications: A New Era in the Caucasus?" , **OAKA**, c. 5, sayı 9, 2010, ss. 64-81.

Kasım, Kamer: **Soğuk Savaş Sonrası Kafkasya"** , Ankara, USAK Yayınları, 2009.

Kocamaz, Sinem: "Avrupa Birliği'nin Komşuluk Politikası Çerçevesinde Transkafkasya Ülkeleri ile İlişkileri" , **OAKA**, c. 2, sayı 4, 2007.

Krueger, Heiko: "Implications of Kosovo, Abkhazia and South Ossetia For International Law" , **Caucasian Review of International Affairs**, c. 3, n. 2, Bahar 2009, ss. 121-142.

Kurtbağ, Ömer: "EU's Response to the Georgia Crisis: An Active Peace Broker or a Confused and Divided Actor?" , **OAKA**, c. 3, sayı 6, 2008, ss. 58-74.

Kütükçü, Mehmet Akif: "Uluslararası Hukuk Çerçevesinde Ahıska Türklerinin Anavatanlarına Dönüş Sorunu" , **Selçuk Üniversitesi Sosyal Bilimler Enstitüsü Dergisi**, n. 13, 2005, ss. 271-284.

Lussac, Samuel: "The Baku-Tbilisi-Kars Railroad and Its Geopolitical Implications for the South Caucasus" , **Caucasian Review of International Affairs**, c. 2, no. 4, Sonbahar 2008, ss. 212-224.

Menon, Rejan: "After Empire: Russia and the Southern Near Abroad" , **The New Russian Foreign Policy**, Michael Mandelbaum (Der.), New York, The Council on Foreign Relations, 1998, ss. 100-167.

Mert, Okan: **"Türkiye'nin Kafkasya Politikası ve Gürcistan"** , İstanbul, IQ Kültür Sanat Yayıncılık, 2004.

Muzalevsky, Roman: "The War in Georgia and its Aftermath: Russian National Security and Implications for the West" , **Uluslararası Hukuk ve Politika**, c. 5, sayı 19, 2009, ss. 109-129.

Nichol, Jim: "Armenia, Azerbaijan and Georgia Political Developments and Implications for US Interests" , **Congressional Research Service**, Temmuz 13, 2009.

Nichol, Jim: "Georgia Republic: Recent Developments and US Interests" , **Congressional Research Service**, Eylül 23, 2010.

Özertem, Hasan Selim: "Rusya'nın Karadeniz ve Kafkaslar'da Güçlenen Askeri Varlığı" , **USAK Stratejik Gündem**, Ağustos 21, 2010, (Çevrimiçi), http://www.usakgundem.com , 26 Mart 2011.

Öztarsu, Mehmet Fatih: "İran'ın Dağlık Karabağ Politikaları" , **Stratejik Düşünce Enstitüsü**, 7 Temmuz 2010, (Çevrimiçi), http://www.sde.org.tr/tr/haberler/1164/iranin-daglik-karabag-politikalari.aspx , 22 Mart 2011.

Papava, Vladimer: "On the Role of the Caucasian Tandem in GUAM" , **Central Asia and the Caucasus**, no. 3-4 (51-52), 2008, ss. 47-55.

Papava, Vladimer: "The Political Economy of Georgia's Rose Revolution" , **Orbis**, Sonbahar 2006, ss. 657-667.

Punsmann, Burcu Gültekin ve Başkan, Argun: "Karadeniz'in Bütünleşmesi için Abhazya" , **ORSAM**, Rapor No: 8, Aralık 2009.

Rondeli, Alexander: **"Regional Security Prospects in the Caucasus"**, New York ve Londra, Routledge, 2000.

Sabanadze, Natalie: "Armenian Minority in Georgia: Defusing Interethnic Tension", **European Centre For Minority Issues**, ECMI Brief, n. 6, Ağustos 2001.

Sadri, Houman A. ve Burns, Nathan L. : "The Georgia Crisis: A New Cold War on the Horizon?" **Caucasian Review of International Affairs**, c. 4, no. 2, İlkbahar 2010, ss. 126-144.

Sanberk, Özdem: "Türk Dış Politikasının Bölgeselleşmesi", **BİLGESAM**, Rapor No. 21, İstanbul, 2010, ss. 1-10.

Sandıklı, Atilla: "Gürcistan-Rusya Gerilimi ve Türkiye", **BİLGESAM**, Mayıs 5, 2008, (Çevrimiçi), http://www.bilgesam.com/tr/index.php?option=com_content&view=article&id=133:guercistan-rusya-gerilimi-ve-tuerkiye&catid=86:analizler-kafkaslar&Itemid=99, 25 Mart 2011.

Sandıklı, Atilla: "Gürcistan-Rusya Gerilimi ve Türkiye", **BİLGESAM**, Mayıs 5, 2008, (Çevrimiçi), http://www.bilgesam.org/tr/index.php?option=com_content&view=article&id=133:guercistan-rusya-gerilimi-ve-tuerkiye&catid=86:analizler-kafkaslar&Itemid=148, 14 Mayıs 2011.

Sapmaz, Ahmet: **"Rusya'nın Transkafkasya Politikası ve Türkiye'ye Etkileri"**, İstanbul, Ötüken Neşriyat, 2008.

Saraç, Naciye: "Acara'da Hıristiyanlığı Yayma Çabaları Sürüyor", **Diplomatik Gözlem**, (Çevrimiçi), http://www.diplomatikgozlem.com/haber_oku.asp?id=2871, 2 Nisan 2011.

Sokov, Nikolai: "The Withdrawal of Russian Military Bases from Georgia: Not Solving Anything", **Program on New Approaches to Russian Security**, Policy Memo 363, June 2005.

Şir, Aslan Yavuz: "Savaş Sonrası Dönemde Gürcistan", **Ortadoğu Analiz**, c. 1, Ocak 2009.

Talbott, Strobe: **"The Russia Hand: A Memoir of Presidential Diplomacy"** , New York, Random House Publishing, 2007.

Tanrısever, Oktay: "Sovyet Sonrası Dönemde Rusya'nın Kafkasya Politikası" , **Türkiye'nin Komşuları**, Mustafa Türkeş ve İlhan Uzgel (Der.), Ankara, İmge Kitabevi, 2002.

Taştekin, Fehim: "Küllerinden Doğan Canlar Ülkesi Abhazya" , **Karadeniz Araştırmaları**, (Çevrimiçi), http://www.karam.org.tr/Makaleler/1502371125_tastekin.pdf , 29 Mart 2010.

Tavkul, Ufuk: **"Etnik Çatışmaların Gölgesinde Kafkasya"** , İstanbul, Ötüken Neşriyat, 2002.

Tavkul, Ufuk: "Kafkasya İçin Türkiyat Araştırmalarının Önemi" , **I. Türkiyat Araştırmaları Sempozyumu Bildirileri**, 25-26 Mayıs 2006.

Topal, Coşkun: "Güney Kafkasya'da İstikrar ve Ahıskalıların Vatana Dönüş Sorunu" , **Turkish Studies**, c. 3, n. 7, Sonbahar 2008.

Trenin, Dmitri: **"The End of Eurasia: Russia on the Border Between Geopolitics and Globalization"** , Washington D.C. , Carnegie Endowment for International Peace, 2002.

Tuncer, İdil: "The Security Policies of the Russian Federation: The Near Abroad and Turkey" , **Turkish Studies**, c. 1, 2000, ss. 95-112.

Turan, Aslıhan: "AB ve Karadeniz Sinerjisi" , **BİLGESAM**, Ağustos 17, 2010, (Çevrimiçi), http://www.bilgesam.org/tr/index.php?option , 3 Mayıs 2011.

Turan, Gül ve Turan, İlter: "Türkiye'nin Diğer Türk Cumhuriyetleri ile İlişkileri" , **Türk Dış Politikasının Analizi**, Faruk Sönmezoğlu (Der.), İstanbul, Der Yayıncılık, 2004.

Uslu, Nasuh: "The Russian, Caucasian and Central Asian Aspects of Turkish Foreign Policy in the Post Cold War Period" , **Alternatives**, c. 2, n. 3-4, 2003, ss. 164-187.

Yalçınkaya, Alâeddin: **"Kafkasya'da Siyasi Gelişmeler"** , Ankara, Lalezar Kitabevi, 2006.

Yılmaz, Reha: "Türkiye-Azerbaycan İlişkileri'nde Son Dönem" , **Bilge Strateji**, c. 1, sayı 2, 2010.

Printed by Books on Demand GmbH, Norderstedt / Germany